中国经济文库
应用经济学精品系列

河南省教育厅人文社会科学研究项目资助（我国股票市场微观结构现状及其盈利溢价能力研究，2024-ZZJH-401）

股票市场结构性分歧视角下的择时与择股

葛志鹏◎著

中国经济出版社
CHINA ECONOMIC PUBLISHING HOUSE
·北京·

图书在版编目（CIP）数据

股票市场结构性分歧视角下的择时与择股 / 葛志鹏著. -- 北京：中国经济出版社，2024.1

ISBN 978 - 7 - 5136 - 7559 - 8

Ⅰ. ①股… Ⅱ. ①葛… Ⅲ. ①股票市场 - 研究 Ⅳ. ① F830.91

中国国家版本馆 CIP 数据核字（2023）第 220910 号

组稿编辑 崔姜薇
责任编辑 冀 意
责任印制 马小宾
封面设计 任燕飞

出版发行 中国经济出版社
印 刷 者 河北宝昌佳彩印刷有限公司
经 销 者 各地新华书店
开 本 710mm × 1000mm 1/16
印 张 11
字 数 141 千字
版 次 2024 年 1 月第 1 版
印 次 2024 年 1 月第 1 次
定 价 88.00 元
广告经营许可证 京西工商广字第 8179 号

中国经济出版社 **网址** www. economyph. com **社址**北京市东城区安定门外大街 58 号 **邮编** 100011
本版图书如存在印装质量问题，请与本社销售中心联系调换（联系电话：010-57512564）

目录
CONTENTS

第三章
股票市场结构性分歧对市场收益的影响

第四章
市场结构性分歧视角下指数收益的可预测性

第一章

绪　论

第一节 研究背景与意义

资本市场的健康有序发展对实体经济的发展有重要影响，资本市场为实体经济带来资金，推动着实体经济的发展。自上交所和深交所成立以来，我国资本市场得到了长足的进步，资本市场或金融市场的安全稳定关乎国家的稳定，是国家安全的重要组成部分。2013 年光大证券套利系统出现问题（也称光大乌龙事件），交易系统 2 秒内瞬间重复生成 26082 笔委托订单，导致证券市场 59 只权重股瞬间涨停，上证指数在 1 分钟内涨超 5%，股票市场出现的异常波动严重影响了资本市场的稳定性。此外，2014 年以来，我国资本市场经历了异常的大涨大跌，证券期货市场与银行业等都受到了严重的冲击。2017 年我国成立了国务院金融稳定发展委员会①；2019 年 6 月科创板正式开板；2021 年 9 月北交所成立；2023 年 7 月我国资本市场全面实行股票发行注册制，一系列制度的建设与实施为完善我国资本市场制度、增强资本市场活力和韧性、营造稳定良好的市场生态、深化我国金融体制改革打下了坚实的基础。

证券市场是资本市场最重要的组成部分，长期以来受到不同类型投资者的欢迎，主要包括普通投资者、机构投资者等。普通投资者也是证券市场最主要的参与主体，对普通投资者而言，其目的是将部分闲余资

① 2023 年 10 月，其相关职责分别划入中央金融委员会办公室和国家金融监督管理总局。

金长期投入证券市场，以期得到比国债或银行利率更高的回报。如何通过研究证券市场买卖证券获取超额收益是所有市场参与主体面临的核心问题。

1963 年威廉·夏普提出的资本资产定价模型是现代金融的核心。现代金融理论认为，证券投资的风险包括系统性风险和非系统性风险，证券投资的收益同样包括两部分，一部分与市场（基准）风险不相关，即所谓的 α 收益；另一部分与市场（基准）风险相关，即所谓的 β 收益，该收益可表示为

$$R_p - r_f = \alpha + \beta \times \left(R_m - r_f\right) \tag{1-1}$$

其中，R_p 为证券组合的收益；r_f 为市场无风险收益；R_m 为市场收益，即系统性风险收益，由市场中所有证券决定；α 为与市场风险不相关的收益，即非系统性风险收益，由组合中证券的独有属性所决定；β 为系统性风险收益。

根据现代金融理论，投资者可以通过相应的择时与择股控制证券市场系统性风险股票，同时获得较高的非系统性风险收益。什么时候选择进入证券市场，什么时候选择退出证券市场，选择什么样的股票，如何对所选股票进行合理的配置，等等，这些问题些都是普通投资者面临的重要问题，决定了其的投资效率，也从根本上决定了证券市场的有效性。

金融异象作为这些年证券市场研究的热点，衍生出了众多择时与择股策略，为深刻了解证券市场的非有效性提供了直接证据，间接地提高了证券市场的有效性，常见的金融异象包括：分歧异象、市值异象、价值异象、盈利异象、流动性异象、一月份异象、风险异象等。

近些年来，随着文本挖掘技术的成熟与应用发展，大量的金融类文本信息得到学者们的认真整理，投资者分歧异象得到了诸多研究者的关注。

分歧，是指不同投资者思想和意见等的不一致，可通过一定的技术手段分析出投资者对股票的不一致程度来度量分歧，进而分析分歧与股票收益之间的关系。研究表明，分歧与收益呈负相关关系，即分歧的增加会导致收益的减少（Diether et al.，2002）。

然而，研究者对分歧的研究仅仅是开始，仍有很多问题需要深入思考和积极解决。证券市场中股票间常常表现出聚集现象，即特征相似的股票表现出相似的价格走势（Tola et al.，2008；Nair et al.，2017），特别是大涨大跌过程中同涨同跌现象更为明显，所以研究者对分歧的研究不应局限于投资者对个股层面的研究上，这种股票间对市场宏观层面表现出的分歧同样值得关注，以下问题值得思考和解决。

第一，从证券市场视角来看，如何从证券市场视角度量和分析证券市场的分歧，特别是市场宏观层面表现出的分歧会对证券市场的走势产生什么影响？这些问题对深刻理解证券市场有重要的理论意义。

第二，从政府监管视角来看，证券市场宏观层面分歧的合理水平如何，证券市场宏观层面表现出的分歧是由什么原因导致的，如何管控市场宏观层面的分歧？这些问题对政府监控证券市场宏观层面的健康程度，维护合理的、正常的证券市场分歧水平有重要的现实意义。

第三，从普通投资者视角来看，证券市场宏观层面表现出的分歧是否会对择时与择股产生影响？该问题关乎投资者的投资决策，影响投资者的收益，决定了证券市场的有效性，对普通投资者而言有重要的实践意义。

第四，从上市公司管理层视角来看，公司管理层如何通过加强公司基本面的建设来增加公司股票的收益，从而为投资者带来比股票市场平均水平更高的超额回报？这对公司股票的流动性和社会认可度同样有重要的影响，因此对上市公司管理层而言具有重要的实践意义。

特别是近些年来，智能金融如雨后春笋般发展，智能金融中的证券投资可降低人为非理性因素，提高投资收益。考虑到近些年机器学习和深度学习的广泛应用，将人工智能领域新兴相关技术（包括分类算法、聚类算法等）有效地应用于证券市场或金融市场有以下两方面价值：一方面可以丰富金融理论体系，为普通投资者提供相应的择时或择股建议，从而带来新的投资机遇；另一方面可以推动人工智能的应用落地，更重要的是可以提高我国资本市场的有效性，因此相关研究不仅具有重要的理论意义，而且具有重要的实践意义。

第二节 研究思路与框架

本书立足于智能金融中的证券投资，首先从股票市场宏观层面探索了股票间聚集现象表现出的市场宏观层面分歧，称之为“股票市场结构性分歧”（Structure Disagreement）[①]；其次聚焦择时与择股两大投资问题，深入探讨了股票市场结构性分歧对股票择时与择股的影响，详细研究思路与框架如图 1-1 所示。

首先，通过研究背景，本书提出了分歧、择时与择股方面的一些问题，包括如何度量股票市场结构性分歧、股票市场结构性分歧如何影响投资者的择时策略、股票市场结构性分歧如何影响投资者的择股策略等。

---

① 结构性分歧：在给定股票特征（交易量、换手率以及投资者情绪等）情况下，一定时间内股票间聚集现象表现出的不一致。

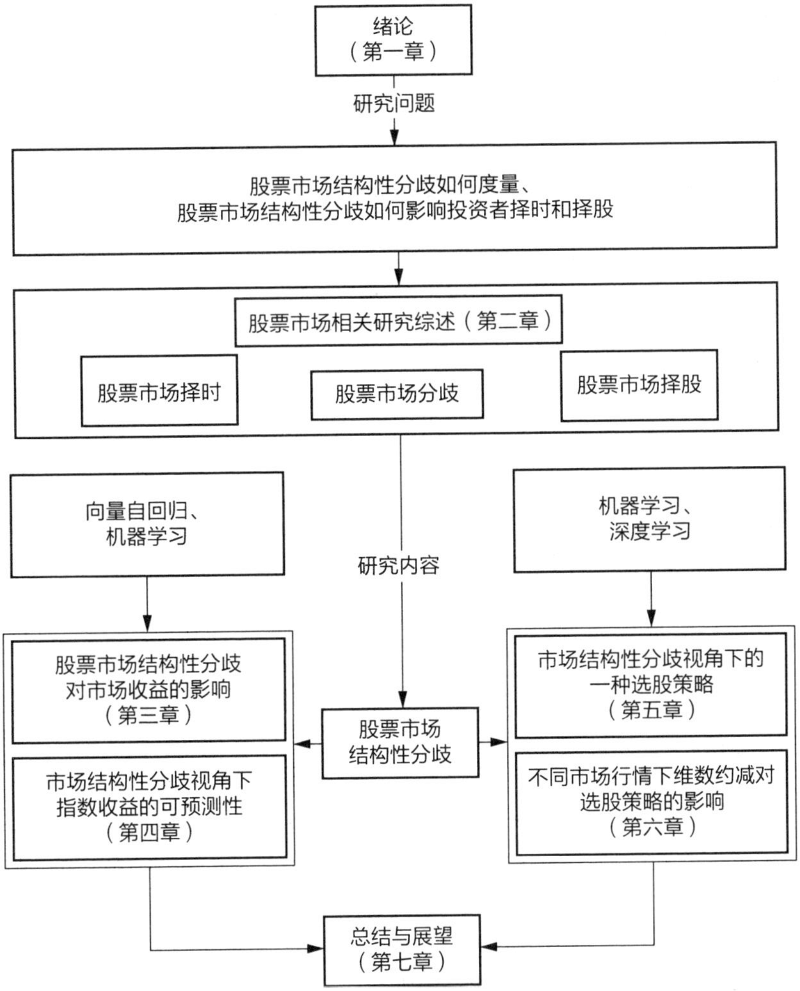

图 1-1 本书研究思路与框架

其次，本书聚焦分歧、择时与择股 3 个维度，探讨了股票市场分歧、择时与择股的研究现状，主要包括主观分歧、客观分歧，基于技术因子的择时策略、基于预测模型的择时策略，基于异象因子的择股策略、基于时间序列的择股策略，以期从整体上探讨本书研究问题的必要性和可行性。

再次，本书着眼于股票市场结构，提出了股票市场结构性分歧因子，重点分析股票市场结构性分歧视角下的择时策略与择股策略。此外，考虑到选股策略中使用了聚类分析，而维数约减是高维数据聚类分析中不可缺少的步骤，且市场行情、维数约减、噪声交易之间存在复杂的关系，本书进一步分析了不同市场行情下维数约减对择股策略的影响，并提出了轮动的股票选择策略。

最后，本书对上述内容进行了简单的总结，并对相关的研究进行了展望。

第三节 研究创新性尝试

第一，本书提出了股票市场结构性分歧概念，探索了股票市场结构性分歧对指数收益的影响。区别于前人从投资者视角对个股分歧进行研究，本书从股票市场中成份股的特征入手，结合机器学习模型中的聚类算法和基尼不纯度创新地提出了股票市场结构性分歧的概念，并探究了股票市场结构性分歧对指数收益的影响。通过中证 100 指数股票市场的实验发现：在 2015 年 4—8 月（我国股票市场见顶及急速下跌期），中证 100 指数股票市场出现了极端的股票聚集现象，中证 100 指数股票市场的结构性分歧异常变小。此外，中证 100 指数股票市场结构性分歧对中证 100 指数收益有显著影响，市场结构性分歧越大，市场指数未来两周的收益越会显著增加，而交易量作为分歧的替代变量，并未显著影响股票市场的收益。

第二，本书分析了我国股票市场指数收益的可预测性，探索了市场结构性分歧对市场指数收益可预测性的影响，并从技术因子层面解释了市场结构性分歧的影响因素。考虑到机器学习模型的优异性能，本书选用机器学习领域经典的且在其他领域有很好表现的 5 种分类算法 [Linear Regression（LR）、AdaBoost（AB）、GradientBoosting（GB）、XGBoost（XGB）、RandomForest（RF）]，从更严谨的角度分析了我国股票市场指数收益的可预测性。通过对中证 100 指数 2016 年 12 月 26 日至 2018 年 7 月 1 日的测试，本书发现：我国股票市场指数收益呈现出短期不可预测但长期可预测的特征，特别是本书提出的市场结构性分歧因子能进一步提高指数趋势预测的准确性（平均提高 1 个百分点），且准确性达到 59%。此外，本书发现，我国中证 100 指数股票市场的结构性分歧主要来源于技术因子层面的交易量与市场资本的净流入。

第三，本书提出了市场结构性分歧视角下的一种择股策略，从基本面因子层面解释并验证了该策略的有效性。考虑到市场结构性分歧的影响，本书提出了市场结构性分歧视角下的择股策略，通过中证 100 指数成份股市场 2014 年 1 月 3 日至 2018 年 8 月 24 日的实验结果发现，本书提出的择股策略累计收益达到 1.5 左右，而同期的中证 100 指数收益仅有 0.6 左右，表明本书提出的策略的收益显著优于市场指数的收益；同时，在上证 180 指数和沪深 300 指数成份股市场上验证了该策略的鲁棒性及有效性。此外，本书基于金融领域常用的 CAPM 模型、Fama 三因子模型、Carhart 四因子模型和 Fama 五因子模型对组合的收益进行了分析，发现本书提出策略的收益虽然可以被市场因子、市值因子、账面市值比因子、动量因子解释，但因子解释后仍存在显著的 α 收益，进一步证明了策略的有效性。

第四，本书分析了不同市场状态下维数约减对择股策略的影响，并基于该影响提出了一种新的轮动择股策略。考虑到市场结构性分歧视角下择股策略中使用了聚类算法，而维数约减是高维数据聚类分析中不可或缺的过程，且市场行情、维数约减、噪声交易之间存在复杂的关系，本书进一步探索了不同市场行情下维数约减（主成分分析、堆栈式自编码[①]、受限玻尔兹曼机）对择股策略的影响，通过中证 100 指数和日经 225 指数成份股市场的实验结果发现：维数约减可以显著提高趋势行情下择股策略的表现，但其具体优势体现在上涨行情中还是下跌行情中依赖于分析的市场。进一步地，本书基于维数约减在不同市场行情下的影响，提出了维数约减和非维数约减之间轮动的选股策略，通过中证 100 指数、上证 180 指数、日经 225 指数、标普 500 指数成份股市场的实验发现，本书提出的轮动选股策略的周度收益率的 Sharpe 率显著优于同期市场结构性分歧视角下的择股策略和市场指数。

本章小结

本章立足于智能金融中的证券投资，聚焦于证券投资中的择时与择股两大问题，详细介绍了本书整体的研究背景与意义、研究思路与框架、研究的主要内容和创新性尝试。

① 堆栈式自编码（Stacked Autoencoder）：由多层自编码堆叠构成，其中自编码是通过输入信息作为学习目标的神经网络。

第二章

股票市场相关研究综述

智能金融中的证券投资主要涉及择时与择股两大问题，择时与择股也是主动投资者面临的最根本问题，股票市场的择时决定了收益的 β，而股票市场的择股决定了收益的 α。在股票市场的择时研究中有众多的策略和方法，主要包括技术因子择时和预测模型择时。其中，技术因子择时涉及众多技术指标，如均线、相对强弱、威廉（WillR）等技术分析指标；预测模型择时主要涉及众多预测模型，如线性回归 / 自回归模型、机器学习模型、深度学习模型等。在股票市场的择股研究中，首先涉及因子模型，如三因子模型、五因子模型等；其次涉及其他多样性择股模型，如基于聚类的择股模型等。

本章主要围绕股票市场分歧、股票市场择时、股票市场择股 3 个问题对学者的相关研究进行梳理，本章结构如图 2-1 所示。

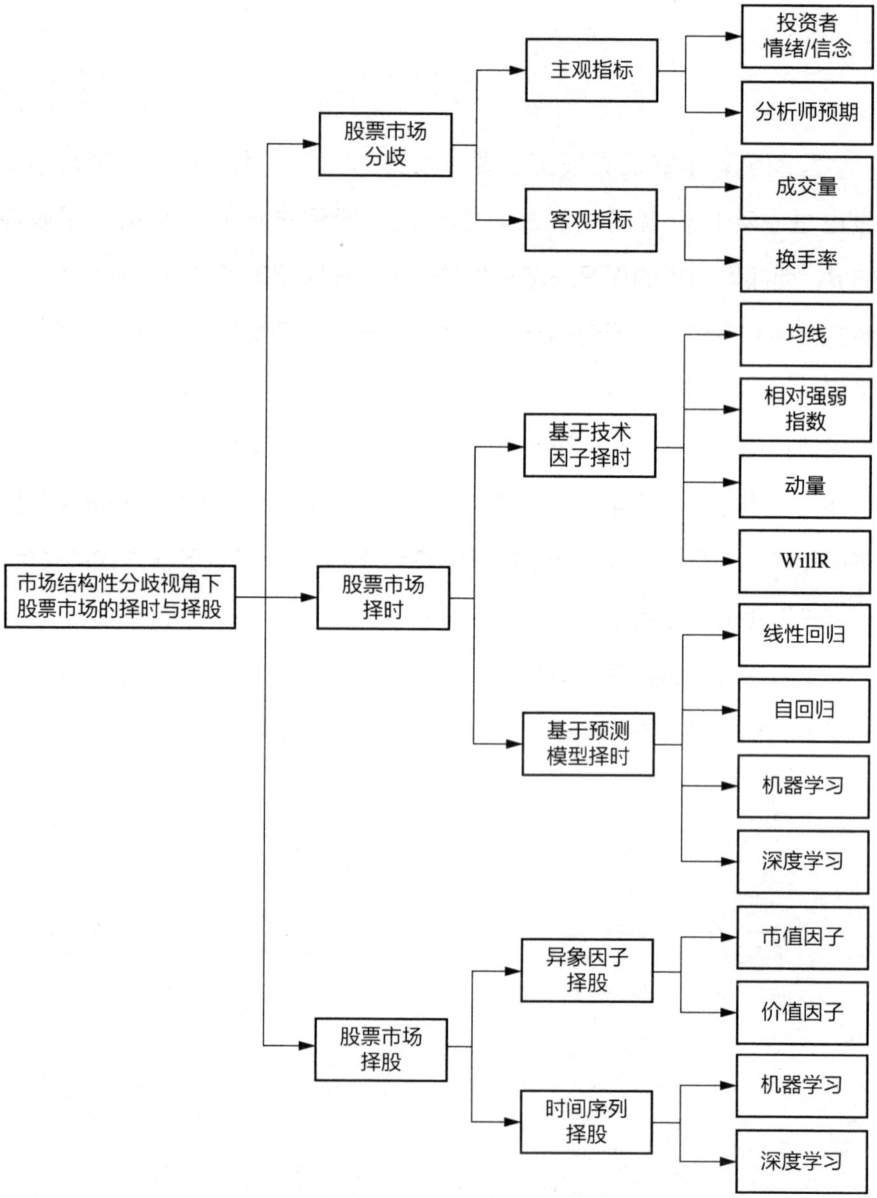

图 2-1　市场结构性分歧视角下股票市场的择时与择股

第一节 股票市场分歧

金融市场的可预测性是反对现代金融基石理论——有效市场理论最直接的证据，因子是股票预测模型中最关键的因素，直接决定了预测模型的准确性。学者已提出了大量有效的因子，主要分为四类：一是宏观经济因子，主要包括汇率、利率、货币供应量、通货膨胀、大宗商品价格、工业生产总值等（Bilson et al.，2001；Flannery and Protopapadakis，2002）；二是基本面因子，主要包括现金流、规模、盈利因子、成长因子、价值因子等（Dechow et al.，2001；Yan and Zheng，2017）；三是技术面因子，主要包括交易量、换手率、动量、移动平均、异同移动平均、顺势因子、相对强弱因子等（Wong et al.，2003；Neely et al.，2014）；四是其他因子，主要包括国际股票市场因子、情绪因子及其他未归类的有效因子（Basak，2005；Baker et al.，2007；Kim et al.，2014；Siganos et al.，2017）。

在众多因子研究中，近些年金融领域的投资人和研究人员越来越关注分歧因子。分歧本义是指思想和意见等的不一致，大量研究表明：因为市场存在分歧，所以存在交易行为和价格的变动，且会对收益、交易量、风险产生重要影响。Hong 和 Stein（2007）研究了投资者信念异质性分歧，并分析了分歧、股价和交易量的相互关系，发现分歧带来了交易量和股票价格的变动。

一、国外学者对市场分歧的研究

（一）分歧可以导致股票的错误定价

Sadka 和 Scherbina（2007）研究了分析师分歧，发现分析师的分歧和过高的交易成本同时出现会导致股票长期的错误定价。Bali 等（2014）分析了经济预测师的意见分歧，分析了该分歧对股票价格的影响，发现分歧因子β为正，可侧面衡量高估的股票价格，即分歧因子为正的股票，具有显著的负的α；而分歧因子β为负，可侧面衡量低估的股票价格，即分歧因子为负的股票，具有显著的正的α。Han 等（2019）使用交易量作为分歧的替代变量，实验发现交易量较高的股票会出现错误定价，特别是对低估的股票，较高的成交量会带来更多的预期收益；而对高估的股票，较高的成交量会带来更少的预期收益。

（二）分歧对收益具有显著的预测能力

（1）针对个股层面，Diether 等（2002）发现分析师对预期收益的分歧越大，股票收益越低。Cen 等（2017）提出了一种将分析师对股票预期收益的标准差作为股票分歧的度量方法，发现当预测平均收益为负时，能够显著地预测股票的横截面收益。针对指数或成份股市场层面，相比前人从横截面数据角度研究分歧的预测能力，Park（2005）直接使用分析师对指数预期收益的标准差进行分歧的度量，研究发现这种分歧可以预测指数收益。与 Park（2005）相反，Yu（2011）采用分析师对指数中成份股预期收益率标准差的加权平均来衡量指数的分歧，发现分歧会导致指数收益的减小，可以用换手率作为分歧的替代变量。

（2）在市场收益方面，Baker 等（2016）研究了投资者意见分歧，发现投资者意见的分歧改变了金融市场的均衡价格，增加了股票收益的随机性。

（3）在交易量方面，Carlin 等（2014）研究了抵押贷款交易商间的分歧，发现市场交易量的增加并非由市场的波动引起，而是由市场分歧导致的，且分歧的增加会带来收益和波动的增加。

（4）在市场风险方面，Hong 和 Stein（2003）发现卖空约束下看涨投资者与看空投资者的意见分歧在市场下跌过程中会导致大量的交易和市场踩踏；但在影响持续性方面，Fama 和 Frech（2007）基于资本资产定价理论分析发现分歧对股票只有暂时性影响。

二、国内学者对市场分歧的研究

（一）国内学者研究分歧对收益的影响

李科等（2015）分析了基金家族持股带来的意见分歧及其对股票收益的影响，发现基金持股降低了股票的意见分歧，提高了股票收益；史永东和李凤羽（2012）研究了上市企业信息披露前后投资者意见分歧程度，并分析了在卖空限制下分歧与股票收益间的关系，研究发现，投资者的意见分歧与信息披露公告日附近的股票超额收益间呈现负相关关系；朱宏泉等（2016）使用换手率度量异质信念，并探讨了该因子对股票收益的影响，研究发现，异质信念与当期股票收益呈现出正相关关系，而与未来股票预期收益呈现出负相关关系，但如果允许卖空，这种与未来预期收益的负相关关系不再显著。

（二）国内学者分析分歧对企业股票定价方面的影响

汪宜霞和张辉（2009）使用分析师价格预测的离散程度与换手率作为投资者间意见分歧的替代变量，对其对企业上市首日 IPO 溢价的影响进行了研究，发现在卖空约束下，分析师关于价格预测的离散程度越大，股票的换手率越高，IPO 溢价就越高；李东昕等（2014）研究了询价机构报价中的意见分歧对 IPO 定价的影响，研究发现，询价机构的报价差异越大表明询价机构的意见分歧越大，会导致一级市场 IPO 定价过高、二级市场 IPO 上市首日有较高收益，但长期下去会导致二级市场中企业股价的大幅下跌；俞红海等（2015）利用投资者在IPO上市首日的账户交易数据，基于其净买入来衡量投资者情绪与意见分歧，并探究了其对“IPO之谜”的解释能力，研究得出了与李东昕等（2014）类似的结论；丁肖丽（2018）结合投资者的情绪和意见分歧，并分析双因素对股票定价的影响，研究发现，在投资者情绪高涨时，意见分歧会带来股票严重的定价错误。

（三）国内学者分析分歧对股票价格波动的影响

王晋斌和刘元春（2002）研究发现，投资者的意见分歧不仅会导致股票的定价出现较大偏差，而且会加剧股票价格相对均衡的波动，特别是这种投资者的意见分歧容易受到投资者选择权限制的影响，选择权的限制加深了投资者的意见分歧；丁慧等（2018）研究了投资者信息处理能力、投资者的意见分歧与股票之间的关系，发现投资者的信息处理能力可通过投资者的意见分歧传导到股价上，投资者信息处理能力的提高缩小了投资者的意见分歧，但增加了股价崩盘的风险。

总体来说，通过对国内外已有文献的梳理可以发现，当前关于分歧因子的研究主要集中在主观层面和客观层面上。在主观层面上，投资者对股票或股票市场的情绪和信念不一致（Baker et al.，2007，2016；Atmaz and Basak，2017），分析师对股票或股票市场相关研究报告的结论也不一致（Diether et al.，2002；Cen et al.，2017）。特别是随着论坛和微博等互联网技术的出现，主观层面的研究日益丰富。在客观层面上，将交易量或换手率作为分歧的替代变量（Yu，2011；Han et al.，2019）或基于投资者的账户交易数据构建分歧因子（俞红海等，2015）。目前，虽然关于投资者和分析师意见的相关数据搜集非常容易，但是搜集的投资者数据与真实情况仍然有所差异，而投资者的真实交易数据因涉及个人隐私很难获取，所以研究中常常用交易量或换手率作为分歧的替代变量。

然而，在对股票市场整体进行分析时，往往忽略了股票市场中股票间的结构，即股票间的联系，特别是市场中股票间常伴随着聚集现象，且这种聚集现象对股票策略的构建具有重要影响（Tola et al.，2008；Nair et al.，2017）。这种聚集现象在股票市场整体层次上展示了市场的结构性分歧，基于此，本书提出了市场结构性分歧概念，研究了股票市场结构性分歧与收益之间的相互关系，并探索了股票市场结构性分歧视角下的择时与择股问题，以期对现有关于股票市场的分歧、择时与择股的研究做出有益的补充。

第二节 股票市场择时

市场择时，是指投资行动人在市场有利的条件下进行相应的投资行为。无论在股票市场还是其他金融市场，择时对投资者和上市企业都有重要影响。对上市企业而言，当市场价值较高时，有利于企业发行股票；当市场价值较低时，有利于企业回购股票（Graham and Harvey，2001；Zhao et al.，2019；Wadhwa and Syamala，2019）。但对投资者而言，当市场价值较高时，投资者为避免接下来的损失可能选择退出市场；当市场价值较低时，因为边际损失变小，投资者可能选择进入市场（Jiang et al.，2007；Baur et al.，2018）。

一、股票市场择时的价值

（一）择时可为投资者带来更多的收益

Baur 等（2018）比较了黄金市场中基于择时的投资策略与买入持有策

略的收益，发现部分基于预测的市场择时策略要优于随机买入策略和买入持有策略，但相较于经济统计择时模型并未表现出明显的优势。对股票市场来说，Jiang 等（2007）提出了一种新的择时能力评估方法，发现积极管理的基金公司具有积极的择时能力，且具有积极的择时能力的基金公司可以利用非公开信息预测市场收益，该类基金具有较高的行业集中度，但行业轮动性特别活跃，同时该类基金拥有较大的规模，且钟情于小盘股。孔傲等（2019）设计了一种启发式的择时系统，在中国股票市场实验后发现，该启发式择时系统的表现显著好于基于机器学习模型预测的择时策略和其他规则择时策略。总体来说，上述文献均表明，择时对股票投资特别重要，大量的研究证明择时可以为投资者带来更多收益。

（二）择时对企业有重要影响

市场择时能影响企业上市和再融资，并改变市场的资本结构。才静涵和刘红忠（2006）研究发现，我国股票市场存在明显的市场择时行为。郭杰和张英博（2012）研究了我国沪深股市 2000—2010 年上市公司首次公开募股（IPO）市场择时与资本结构的关系，研究发现股票市场择时对资本有显著的影响，且这种影响来源于政府对 IPO 的择时，特别是这种政府 IPO 择时会对企业杠杆率有显著的长期影响。李建标等（2016）探索了市场择时与企业融资行为的关系，发现市场择时理论在财富约束程度小于 50% 时，企业行为人会利用市场择时选择对自己最有利的融资策略。Wadhwa 和 Syamala（2019）研究了市场择时和市场状态假设对企业发行股票决策的影响，发现企业 IPO 和再融资（SEO）都会受到市场择时和市场状态的影响。Zhao 等（2019）提出了一种有效的市场择时因子——所有个人证券账户资本量的变化，发现该因子对企业的资本结构影响时间超过 7 年。

通过上述梳理可以发现，股票市场的择时不管是对普通投资者、机构投资者还是对企业上市和再融资都有重要影响，特别是对所有的行动人来说，择时做得好可以为行动人带来额外的收益。如何做好市场择时是本书接下来要阐述的问题，虽然已有学者就该问题做了大量研究，但本书的关注重点是普通投资者，因此本书主要从基于技术因子的择时和基于预测模型的择时两个视角深入探讨当前普通投资者股票择时的相关研究。

二、基于技术因子的择时策略

基于技术因子的择时是指利用技术因子制定相应的择时策略，即选择市场进入时机或退出时机，技术因子择时策略是众多普通投资者常采用的择时策略。

前人关于基于技术因子择时已有大量研究。例如，Lo 等（2000）利用非参数核回归方法系统性地研究了技术图形的识别问题，发现一些技术因子能够提供额外的信息。Tchamyou 和 Asongu（2017）通过对基金市场的研究发现，波动率和市场收益可用于市场择时，且波动率和市场收益对市场择时具有持续的积极影响。Nazario 等（2017）从不同的视角对股票市场的技术分析进行了系统性的全方位阐述，包括国家经济发达程度，使用方法，应用场景，是否考虑交易费用、操作工具、可预测性、利润与风险等。考虑到技术分析中图形（如头肩顶、头肩底等）识别的主观性（Lo，Mamaysky，Wang，2000），且本书的研究重点是基于预测模型的择时研究，因此本书仅简单介绍部分技术因子择时策略。

（一）基于移动平均线（Moving Average，MA）的择时策略

其基本原理为当短期 MA 上穿（下穿）长期 MA 时选择买入（卖出），最经典的 MA 策略为短期 1 日线与长期 200 日线的组合。在基本策略的

基础上也有众多改进，最常见的是在短期 MA 和长期 MA 交叉中加入容忍的阈值（Band），以减少交易信号的数量，进而降低交易费用。例如，Glabadanidis（2015）证实了基于 MA 的择时策略的有效性，研究发现基于MA的择时策略相比基于市值加权的买入持有策略拥有更高的平均收益，且收益的方差更低。Zakamulin（2016）修正了 Glabadanidis 在仿真过程中使用了未来信息的情况，发现基于 MA 的择时策略相比买入持有策略并未出现明显的优势。Brock 等（1992）研究了基于 MA 的择时交易策略中买入信号和卖出信号收益间的差异，发现买入信号与卖出信号相比可以为投资者带来更多的稳定收益，特别是卖出信号的收益为负时。Ni 等（2015）研究了基于 MA 的择时策略在不同交叉情况下的收益情况，发现当出现黄金交叉时，道琼斯工业平均指数 30（DJ30）和富时 100 指数（FTSE100）成份股损失扩大，这可能是黄金交叉时股价过度反应造成的；而当出现死亡交叉时，投资上证 50 指数（SSE50）可带来额外收益，这可能是因为死亡交叉的出现使中国股票市场 80% 的个体投资者为了避免或对冲损失而选择买入 SSE50 成份股。

（二）基于异同移动平均线（Moving Average Convergence Divergence，MACD）的择时策略

当 MACD 上穿（下穿）其对应的触发线时选择买入（卖出），最经典的异同平均线为 MACD（12，26，9），其中，数字 12 和 26 表示短期持有和长期持有的周期长度，数字 9 表示异同平均线对应的触发线的平滑周期。Ulku 和 Prodan（2013）系统性地探索了基于 MACD 的择时策略盈利能力的驱动因素，研究发现收益的可持续性是基于 MACD 的择时策略盈利能力的主要驱动因素，特别是收益的波动性提高了基于 MACD 的择时策略的盈利能力。

（三）基于交易区间突破（Trading Range Break-out，TRB）的择时策略

该策略的基本原理为价格突破阻力位意味着买入信号，阻力位一般定义为近期的最高价格；价格下穿支撑位意味着卖出信号，支撑位一般为近期的最低价格。该策略也有众多的变形，最常见的依然是在原有模型的基础上考虑容忍的阈值。例如，Brock 等（1992）研究了基于 TRB 的择时策略中买入信号和卖出信号收益间的差异，发现了与基于 MA 的择时策略类似的结论。Sullivan 等（1999）考虑了择时策略中的数据透视偏差对择时策略收益的影响，研究发现 Brock 等（1992）基于 MA 和 TRB 的择时策略，在 1987 年以前确实会有很好的表现，但随着市场的日益成熟和有效，基于 MA 和 TRB 的择时策略在 1987—1996 年并未有好的表现，甚至最好的择时策略的优势也不明显。

（四）基于相对强弱指标（RSI）的择时策略

其基本原理为当相对强弱指标较小（较大）的值上穿（下穿）中值 50 时，意味着买入（卖出）信号。特别是，当相对强弱指标大于 70 时，表示市场处于超买状态；当相对强弱指标小于 30 时，表明市场处于超卖状态。

（五）基于技术因子的其他择时策略研究

包括基于指数移动平均（Exponential Moving Average，EMA）的择时策略、基于动量（Momentum，MOM）的择时策略、基于随机指标（KDJ）的择时策略、基于交易量（OBV）的择时策略等（Hudson et al.，1996；Sullivan et al.，1999；Bajgrowicz and Scaillet，2012）。例如，Kwon 和 Kish（2002）比较了纽交所加权指数（NYSE Value-weighted Index）下基于 MA

的择时策略、基于动量（MOA）的择时策略与基于价格和交易量（MOBV）的择时策略的获利机会，发现这些技术因子能够捕捉获利的机会，但1996年后因为技术的提高和市场进一步成熟有效，这些技术因子的获利效果不再显著。Rosillo等（2013）分析比较了西班牙市场上（Spanish Markets）基于MACD的择时策略、基于RSI的择时策略、基于动量MOM的择时策略、基于KDJ的择时策略，发现择时策略的收益依赖上市企业的类型和择时策略使用的技术因子。Gebka等（2015）分析了金融市场上季节以及万圣节对基于MA的择时策略的影响，发现这些金融异象规则可以很好地结合基于MA的择时策略，特别是对面临较高交易成本的投资者（例如，典型的个人投资者）而言，这种结合的优势更加突出，且金融异象规则也可以应用于其他基于技术因子的择时策略中。李斌等（2017）提出了一套基于机器学习模型和技术分析的量化投资算法，他们首先选取了技术指标作为机器学习模型的输入；其次使用滑动窗口训练机器学习模型，并使用训练的模型对股票5天后的价格涨跌进行预测（上涨和下跌对应着股票的得分）；最后用预测上涨的股票构建投资组合，并对上涨的股票进行等权重资本配置。实验分别验证了3种机器学习模型，并支持向量机（Support Vector Machine，SVM）、神经网络（Neural Network，NN）和AdaBoost集成算法，研究发现，3种机器学习模型构建的投资组合算法的表现显著优于买入持有策略。

总体来说，通过对国内外已有文献的梳理可以发现，随着信息技术的发展，这种基于技术因子进行择时的操作已相对成熟，这也是基于技术因子的择时策略在部分国家证券市场中表现无效的原因之一，但这些技术因子的作用仍然不可忽视，特别是随着机器学习和深度学习等人工智能技术的发展，这些技术因子被大量应用于不同的人工智能预测模型中，这也是本书下一小节将要梳理的主要内容。

三、基于预测模型的择时策略

大量研究表明，基于预测模型的择时研究可以带来很好的收益。例如，Fernandezrodriguez 等（2000）探究了西班牙马德里股票交易市场（Madrid Stock Market）不同市场行情下基于人工神经网络（Artificial Neural Networks，ANNs）的择时策略的表现，发现在震荡（Stable）行情和熊市（Bear）市场状态下，基于 ANNs 的择时策略的收益优于买入持有策略的收益；而在牛市（Bull）市场状态下，买入持有策略的收益优于基于 ANNs 的择时策略的收益。Ahamadi 等（2018）提出了两种混合模型——基于帝国竞争（Imperialist Competition）和支持向量机的混合模型与基于帝国遗传（Imperialist Genetic）和支持向量机的混合模型，发现基于帝国竞争和支持向量机的混合模型具有较高的择时命中率。Zhou 等（2019）提出了基于逻辑回归（Logistic Regression，LR）和梯度决策树（Gradient Boosted Decision Trees，GBDT）的预测择时模型（LR2GBDT），通过在上海股票交易所与纳斯达克股票交易所的实验，发现相比线性回归（Linear Regression）、GBDT、支持向量机、神经网络以及基于树表示的工作流优化（Tree-based Pipeline Optimization Tool，TPOT）等预测模型择时策略，其收益在统计上有显著的提高，即使在考虑交易税的情况下还是如此。

预测模型是该择时策略的核心，本章将主要对这些模型应用于金融市场行情的趋势预测进行简单的梳理，主要包括基于参数的市场趋势预测模型和基于非参数的市场预测模型。随着机器学习和深度学习技术的发展，非参数模型表现出很强的拟合能力，其在金融领域的应用是当前研究的热点，所以本书也将重点梳理非参数预测模型。

基于参数的市场趋势预测模型，存在严格统计假设，可以通过严格的数学推理得到模型的理论解，常见的模型为各种不同的回归模型，包括线性回归模型、自回归模型、向量自回归模型（Vector Autoregression，VAR）等。例如，Cummins 等（2014）研究了全球股票市场指数、原油商品、天然气商品与全球重要经济体绿色行业股票指数间的相关关系，通过非对称向量自回归模型（Asymmetric VAR）发现富时 100 指数、富时全球小型股指数（FTSE Global Small Cap Equity Indices）以及天然气商品与绿色行业股票指数存在显著的因果关系；Camilleri 等（2019）通过向量自回归模型探索了股票市场与宏观经济变量间的相关关系；Toparli 等（2019）提出了时间参数变动的向量自回归模型（Time-varying Parameter Vector Autoregression，TVP-VAR），并分析了汇率、利率以及石油价格对土耳其股票市场（Trukey Stock Market）的影响，发现与汇率和利率相比，石油价格对股票市场的影响更显著，且该指标解释了市场的大部分收益。

基于非参数的市场预测模型，一般不存在严格的统计假设，可以通过已有的数据进行训练，得到模型的拟合参数，通过得到的模型参数直接对未知的数据进行预测，常见的模型为机器学习模型，包括决策树模型、支持向量机模型、神经网络模型等。

在因子和数据预处理方面。Khansa 和 Liginlal（2011）从恶意攻击（Malicious Attack）视角研究了向量自回归模型和时间滞后的神经网络模型对股票收益的可预测性，发现恶意攻击会对信息安全公司未来 1 个月的股价产生积极影响，在下跌市场恶意攻击的数量有增加的趋势，而在上涨市场因为公司增加了信息安全防范，因此恶意攻击的强度降低。Nguyen 等（2015）研究了社交媒体中的情绪对预测股票市场趋势的影响，发现在历史数据的基础上增加社交媒体中的情绪因子可以显著提高预测模型的准确性。Patel 等（2015）将常用的技术指标因子数据转变为趋势性数据，并研究了该类型数据对机器学习模型预测股票与股票指数趋势准确性的影响，发现将技术指标因子转变为趋势类型能提高预测的水平。Chiang 等（2016）基于粒子群以及神经网络技术提出了一种特征自适应选择的股票交易决策支持系统，实验表明，该支持决策系统能够带来更高的收益。Zhong 和 Enke（2017）探索了维数约减对神经网络预测股票市场指数收益的影响，发现基于主成分分析和神经网络的预测模型比其他维数约减和神经网络模型有更高的预测精度且可以带来更多的收益。

在模型设计和比较方面。Kara 等（2011）对比分析了 SVM 模型和 ANN 模型预测土耳其伊斯坦布尔股票市场（Istanbul Stock Market）趋势的表现，发现 ANN 模型的准确性要显著优于 SVM 模型的准确性。Oztekin 等（2016）分析比较了自适应的神经模糊推理系统（Adaptive Neuro-fuzzy Inference Systems）、人工神经网络以及支持向量机 3 种不同模型的预测能力，发现支持向量机的预测能力明显优于其他两种模型，且 3 种模型在下降行情下的预测准确性要明显优于上涨行情下的预测。Hoseinzade 和 Haratizadeh（2019）提出了基于卷积神经网络（Convolutional Neural Networks，CNN）的预测框架，并在标普 500 指数（SP500）、NASDAQ、DJI、NYSE 以及 RUSSELL 等市场进行了验证，发现提出的框架能够显著提高预测的水平。Long 等（2019）整合了卷积神经网络和循环神经网络，提出了基于特征工程的深度学习预测模型（Multi-filters Neural Network，MFNN）并在沪深 300 指数市场进行了实验，发现模型的准确性、收益性以及稳定性优于传统的机器学习模型、统计模型以及单结构的深度学习模型（包括卷积神经网络、循环神经网络以及长短期记忆网络）。Bisoi 等（2019）提出了基于变模分解（Variational Mode Decomposition，VMD）和差异演化（Differential Evolution，DE）的鲁棒核极度学习机器（Robust Kernel based Extreme Learning Machine，RKELM）模型（DE-VMD-RKELM），经过实证研究发现，在众多股票市场上（SP500、HSI、FTSE）

提出的模型的预测精度优于 RKELM、EDE-RKELM、SVM 以及 ARMA（Autoregressive Moving Average）等基准模型。

在构建交易系统和策略方面，Deng 等（2017）提出了针对金融信号表征以及交易的深度有向强化学习的交易系统，并在股票以及期货市场进行了验证，发现提出的模型有很好的表现。Lee 等（2019）基于 VAR 构建了全球波动性关联网络，并构建了基于全球股票市场网络特征的交易策略，并验证了策略的有效性。

在相关文献综述方面，Gandhmal 和 Kumar（2019）、Henrique 等（2019）对股票预测相关研究进行了系统性的分析和回顾，特别是总结回顾了基于机器学习算法的股票市场预测的相关研究；Chong 等（2017）对深度学习应用于股票市场的方法、数据表示以及案例进行了回顾和总结。

通过对上述基于技术因子和预测模型的择时策略梳理，可以发现前人在因子构造、数据预处理、模型设计以及构建交易系统方面都有大量研究，特别是基于机器学习的预测模型，其可以结合不同方面的有效因子（包括技术因子），且机器学习预测模型的准确性以及相应交易策略的收益都有很好的表现。

在预测模型的择时研究中，因子的选择至关重要，决定了模型结果的好坏，那么一个自然而然的问题是，本书提出的市场结构性分歧因子是否可以提高预测模型，特别是机器学习模型的准确性呢？另外，金融投资不仅关注模型的准确性同时更关注因子的经济解释性，那么什么原因造成了这种市场结构性分歧？本书的研究回答了这些对金融投资领域而言特别重要的问题。

第三节 股票市场择股

择股，是指投资者基于投资目的和投资偏好并根据评估模型对所有股票打分以判断股票的好坏，进而选择相应的股票。近些年来出现了众多择股模型，从目的来看，可以分为拟合指数择股和增强指数择股；从方法来看，可以分为基于横截面的因子择股模型和基于时间序列或机器学习的预测择股模型。其中，基于横截面的因子择股模型是传统金融领域最经典的模型，特别是近些年从数据中挖掘有价值的因子更是带来了大量的金融异象因子，进而出现了大量的异象因子择股模型；而基于时间序列或机器学习的预测择股模型随着机器学习及深度学习技术的发展和成熟也成为当前研究的热点领域，因此，本书从模型方法角度出发，对当前的择股模型进行简单的阐述。

一、异象因子择股

目前，已有大量的金融异象被发现。例如，Hou 等（2017）重新复制和校验了 447 个异象因子，发现大约有 161 个是有效的异象因子，其中有 115 个异象因子无法被资本资产定价模型（Capital Asset Prcing Model，CAPM）、Fama 三因子模型、Fama 五因子模型等经典因子模型解释。Zaremba 和 Czapkiewicz（2017）在新兴欧洲市场上复制和校验了 100 个异象因子，发现大约有 30 个是有效的异象因子，同时这些因子也无法被经典的模型解释。这些经典的系统性的异象因子研究从侧面说明了金融市场存在大量的异象，基于这些异象因子进行股票选择[①]可以带来超额收益，本书接下来将从动量（Momentum）或反转（Reversal）、价值或成长（Value-versus-growth）、投资（Investing）、盈利（Profitability）、风险（Risk）、交易摩擦（Trading friction）以及其他因子共计 7 个方面简单阐述总结相关方面的研究。

（一）基于动量或反转因子的择股模型

动量是指股票、证券或可交易工具的价格变化速度或速率，显示了一段时间内价格变动的速度和价格趋势的强度（Carhart，1997），最初由 Jegadeesh 和 Titman（1993）提出，随后大量与动量相关的异象因子被发现，主要包括动量因子（Momentum）、行业动量因子（Industry Momentum）、风险调整后动量因子（Risk Adjusted Momentum）等。例如，Moskowitz 和 Grinblatt（1999）研究了行业动量异象，研究发现：在控制一些因素后（规模、账面市值比、个股动量），行业动量策略依然存在更高的收益。Rachev 等（2005，2007）研究了风险调整后股票选择策略（Risk-Adjusted Stock Ranking Criteria），并分析了该动量策略的收益与风险；与 Rachev 等（2005，2007）类似，Dudler 等（2014）研究了风险调整后时间序列动量模型（Risk-Adjusted Time Series Momentum），发现该策略相对于市场、市值以及动量因子而言有更低的风险暴露水平。Daryl 等（2013）比较分析了各种不同风险调整后收益的动量因子，发现风险调整后收益的动量没有带来显著的收益，但风险调整后的动量模型在风险调整后收益方面有较好的表现。然而，动量因子并非长期有效，随着持有期（Holding Period）的增加，其有效性减弱，甚至会出现反转（De Bondt and

---

① 股票选择（Stock Selection）：在股票市场上，从备选股票池中通过观察、分析选择看中、看好的股票。

Thaler, 1985），整体来说，基于动量或反转因子的择股策略或模型被广泛研究，也是投资市场实践中最常用的投资策略。

（二）基于价值或成长因子的择股模型

价值或成长因子与企业的基本面紧密相关，且能体现出企业的价值和成长能力，其主要包括：市场价值比率（Book–to–Market）（Rosenberg et al.，1985）、市场负债比率（Debt–to–Market）（Bhandari，1988）、市场资产比率（Assets–to–Market）（Fama and Frech，1992）、市盈率（Earnings–to–Price）（Basu，1983）、市销率（Sales–to–Price）（Barbee et al.，1996）、市现率（Cash flow–to–Price）（Lakonishok et al.，1994）、市净率（Book–to–Price）（Penman et al.，2007）、债务价格比率（Debt–to–Price）（Penman et al.，2007）、股息率（Dividend Yield Ratio）（Litzenberger and Ramaswamy，1979）、支付率（Payout Yield）（Bowers et al.，2007）等。前人已总结出大量与价值或成长相关的异象因子，感兴趣的读者可以阅读相应的文献原文，本书不再详细阐述，但在学习过程中需要注意这些因子中有的与股票收益表现出积极的关系，有的与股票收益表现出消极的关系，如市场价值比率高的股票相比其他股票会有更高的收益，而市销率低的股票相比其他股票有更高的收益。

（三）基于投资因子的择股模型

每个上市公司都会对外进行一定的投资，这也就诞生了基于投资因子的选股策略。例如，Titman 等（2004）研究了资本投资（Capital Investments）异象因子，发现资本投资与股票收益间呈现出负相关关系，即买入低资本投资的股票同时卖出高资本投资的股票可以带来显著的收益。Xing 等（2008）研究了投资增长（Investment Growth）异象因子，发现投资增长的值与股票收益间同样呈现出负相关关系。Novymarx（2011）研究了经营杠杆（Operating Leverage）异象因子，发现经营杠杆与股票收益间呈现出显著的正相关关系，即买入高经营杠杆股票同时卖出低经营杠杆股票能获得显著收益。类似的研究还有 Cooper 等（2006）的资产增长（Assets Growth）异象因子、Belo 和 Lin（2012）的库存增长率（Inventory Growth）异象因子以及 Belo 等（2014）的雇佣率（Hiring Rate）异象因子等，其中库存增长率以及雇佣率异象因子都与股票收益呈现负相关关系。整体来看，投资异象因子的相关研究主要沿着企业生产经营方向展开，且不同的投资异象因子与股票收益间表现出不同的关系。

（四）基于盈利因子的择股模型

上市公司盈利并进行股权分红是股票市场的根本，因此，在股票投资中，上市公司的盈利能力分析是大额投资者最看重的事情，这也在一定程度上成就了大量关于盈利异象因子的研究。例如，Balakrishnan 等（2010）研究了资产收益率（Return on Assets）异象因子，发现资产收益率与股票的收益呈现显著的正相关关系，即高资产收益率股票的收益表现显著优于低资产收益率股票的。Haugen 和 Baker（1996）研究了股本回报率（Return on Equity）异象因子，研究发现股本回报率与股票的收益之间也呈现出显著的正相关关系。Soliman（2008）研究了资产周转率（Asset Turnover，AT）异象因子，发现 AT 同样与股票收益呈现出积极的正相关关系。类似的还有 Brown 和 Rowe（2007）研究的资本回报率（Return on Invested Capital）异象因子、Haugen 和 Baker（1996）研究的资本周转率（Capital Turnover）异象因子、Abarbanell 和 Bushee（1997）研究的劳动力效率（Labor Force Efficiency）异象因子，以及 Lev 和 Thiagarajan（1993）研究的销售增长库存增长比率（Sales Growth to Inventory Growth）异象因子等，且总体上大部分盈利异象因子都与股票收益间存在显著的正相关关系。

（五）基于风险因子的择股模型

盈利与风险密切相关，前人也对风险异象因子进行了相关研究。例如，Francis 等（2004）研究了盈余波动性（Earnings Volitility）异象因子，发现盈余波动性与股票收益间存在显著的正相关关系，即高的盈余波动性股票组合可以带来比低的盈余波动性股票组合更高的收益。Huang（2009）研究了现金流动性（Cash Flow Volatility）异象因子，发现现金流动性与股票收益间存在负相关关系，即现金流波动越小的公司股票相比现金流波动越大的公司会明显有更大的收益。Kelly 和 Jiang（2014）研究了尾部风险（Tail Risk）异象因子，发现尾部风险与股票收益间呈现出显著的正相关关系。类似的还有 Bali 和 Cakici（2004）研究的在险价值（Value at Risk，Var）异象因子、Harvey 和 Siddique（2000）以及 Amaya 等（2015）研究的偏度（Skewness）异象因子、Palazzo（2012）提出的库存现金（Cash Holding）异象因子、Ou 和 Penman（1989）研究的流动比率（Current Ratio）异象因子，以及 Richardson 等（2005）研究的长期债务的变化（Change in Long-Term Debt）异象因子等，其中，库存现金和流动比率与股票收益间呈现出显著的正相关关系，而在险价值、偏度以及长期债务的变化与股票收益间呈现出负相关关系。

（六）基于交易摩擦因子的择股模型

市场中的交易摩擦是真实交易中最重要的因素之一，是决定组合是否有效的关键，大量的研究表明，市场中也存在交易摩擦异象。例如，Banz（1981）研究了市价总值（Total Market Capitalization）异象因子，发现市价总值与股票收益间呈现负相关关系，即低市价总值公司对应股票的收益表现要显著优于高市价总值公司对应股票的收益表现。Miller 和 Scholes（1982）研究了股价异象因子，发现价格相对较低的股票的收益表现要显著优于价格相对较高股票的。Amihud 和 Mendelson（1986）研究了买卖价差（Bid–Ask Spread）异象因子，发现买卖价差与股票的表现呈现出负相关关系，即买卖价差较小的股票的收益表现要优于买卖价差较大的股票。类似的还有 Brennan 等（1998）研究的成交量异象因子、Amihud（2002）研究的收益成交量比率（Return–to–Volume）异象因子等，成交量以及收益成交量比率与股票收益间呈现显著的负相关关系。

（七）基于其他因子的择股模型

例如，Jiang 等（2005）研究了公司成立年限异象因子，发现股票对应公司的成立年限与股票间的收益呈现负相关关系，即成立年限较短的公司股票表现显著优于成立年限较长公司的。Cooper 等（2006）研究了 1 月效应（January Effect）异象因子，发现 1 月表现好的股票在接下来的 1 年中都会有好的收益表现。Belo 等（2014）研究了品牌资本资产比率（Brand Capital–to–Asset）异象因子，发现较低品牌资本资产比率公司股票的收益显著高于较高品牌资本资产比率公司股票的收益。Loughran 和 Ritter（1995）研究了首次公开募股异象因子，发现公司在首次公开募股 3 年里的表现不佳，等等。

综上发现，前人总结出了大量的异象因子，这些异象因子从不同角度为不同投资者选股打开了一扇窗户，值得不同的投资者探索和深入研究。目前，除了从横截面的因子择股模型进行择股外，也有大量学者研究基于时间序列或机器学习的预测择股模型，本书下一小节将简单介绍基于时间序列或机器学习的预测择股模型。

二、预测、机器学习、深度学习的择股模型

基于时间序列的预测择股模型与基于预测的择时模型非常相似，预测择股模型主要基于不同股票的横截面排序进行股票选择，而择时模型主要基于股票的历史数据判断当前或者未来的趋势以进行买入、卖出，两者的区别可以详细参考 Cheema 等（2018）关于动量择时与择股的对比分析研究。在第二节，本书介绍了大量基于预测的择时模型，下面简单罗列出几个经典的基于时间序列的预测择股模型。

（一）基于预测的择股模型

Yang 等（2019）提出了一种基于预测的新的股票选择模型，首先，使用极限学习机（Extreme Learning Machine）模型对股票的收益进行预测；其次，将预测的收益和股票基本面因子结合起来，使用差分进化算法（Differential Evolution）评估所有股票的得分（Score）；最后，通过分位数选择得分较高的股票。实验发现，其提出的加入预测后的择股模型收益要高于不加入预测的择股模型收益，即意味着股票预测在择股选择模型中发挥了一定的作用。

（二）基于机器学习的预测择股模型

Rasekhschaffe 和 Jones（2019）描述了将机器学习模型应用于股票选择的一些基本概念，并对机器学习模型应用于股票选择进行了实证分析。一是选定 194 个与基本面相关的因子作为机器学习模型的输入；二是通过三类数据集（Recent Training，Seasonal Training and Hedge Training Set）和四类机器学习算法（AdaBoost，Gradient Boosting，Neural Network，Support Vector Machine）共训练出 12 个模型；三是衡量所有股票在不同模型中的分位数得分；四是将股票 12 个模型的分位数得分的平均值作为该股票的

得分；五是构建投资组合，即买进高得分的股票，卖出低得分的股票。实验发现，本书提出模型的收益表现远优于经典的 OLS 估计以及因子模型的收益表现。

李斌等（2019）研究了基于机器学习模型的基本面量化投资。一是利用 90 项异象因子作为机器学习模型的预测择股模型的输入；二是训练了 12 种机器学习的预测择股模型，包括 Lasso 回归、岭回归、支持向量机、循环神经网络等；三是使用训练好的神经网络模型对股票的收益进行预测；四是按照预测的收益率对所有股票进行排序；五是根据排序构建多头组合、空头组合以及多空组合。实验发现，其提出的择股投资策略的表现显著优于单因子模型的，特别是发现交易摩擦因子在我国股票市场具有较强的预测性能。

（三）基于深度学习的预测择股模型

Heaton 等（2016）首次尝试使用深度学习等最新技术探索其在股票选择中的应用，首先，使用 Auto-Encoder 模型对股票市场所有股票进行特征学习，通过 Auto-Encoder 的瓶形结构将特征进行压缩；其次，计算市场上所有股票压缩特征与指数特征间的相似程度（类似不同股票的评分或得分）；再次，构建投资组合，即买入最相似的一部分股票，卖空最不相似的一部分股票；最后，分析了不同投资组合的表现。实验发现，基于深度学习的预测择股模型的表现优于经典的择股模型的表现，这主要得益于深度学习中的 Auto-Encoder 可以学习到特征间的复杂关系。

从上述梳理中可以发现，不管是基于异象因子的横截面择股策略还是基于时间序列的横截面择股模型，在实践中都有很好的表现，但众所周知，股票选择的多样性决定了投资组合的风险水平，而在股票市场上股票间常常出现聚集现象，这种聚集现象是否会影响择股模型的表现也是值得思考的问题，这也正是本书提出市场结构性分歧因子的原因，因此市场结构性分歧视角下的择股模型研究是本书研究的另一重要内容。

本章小结

本章主要从因子、择时、择股 3 个视角对当前关于分歧因子、基于因子的择时模型、基于因子的择股模型的研究进行了简单的梳理和总结，以期挖掘出重要的、亟待解决的些许科学问题。我们通过本章的梳理有以下发现。

（1）当前关于分歧因子的研究往往忽略了市场本身的结构性问题，市场的结构往往表现出股票间的聚集效应，这种股票间聚集表现出的结构性分歧是本章梳理出的第一个研究问题。

（2）这种市场结构性分歧与股票市场的收益之间存在什么关系，是否会影响股票市场的可预测性？这是本章梳理出的第二个研究问题。

（3）这种市场结构性分歧是否可以从横截面角度解释股票的收益，是否可以提高股票选择的表现？这是本章梳理出的第三个研究问题。

（4）不同市场行情下股票选择的表现如何，如何能更有效地提高股票选择策略的收益？这是本章梳理出的第四个研究问题。

第三章

股票市场结构性分歧对市场收益的影响

第一节 引言

金融市场的可预测性是反对现代金融基石理论——有效市场理论最直接的证据，越来越多的研究表明，股票价格波动并非完全的随机游走过程，而是在一定程度上可以预测的，且通过预测可以带来一定的超额收益。因子是股票预测模型中最关键的因素，直接决定了预测模型的准确性。

在众多因子研究中，分歧因子（Disagreement）得到了越来越多研究人员的关注。分歧可以导致股票的错误定价，对收益具有显著的预测能力。通过前人的研究可以发现，在股票市场上，关于分歧因子的研究主要包括两个层面：一是在主观层面上，投资者对股票或股票市场的情绪和信念的不一致，以及分析师对股票或股票市场相关研究报告结论的不一致；二是在客观层面上，将交易量或换手率作为分歧的替代变量，因搜集的投资者数据与真实情况有差异，因此研究中常用交易量或换手率作为分歧的替代变量。

然而，当前关于分歧的研究缺乏市场结构（Market Structure）视角下的思考。股票市场结构是指股票间的内在联系，股票间往往表现出股票聚集（Stock Clusters）现象，且这种聚集现象对投资组合和投资策略会产生重要的影响（Tola et al.，2008；Nair et al.，2017）。如图 3-1 所示，假设市场上存在 6 只股票，若在一段时间内所有股票的多维特征（交易量、换手率等）完全一致，意味着任意股票间都表现出一致的特点，此时股票间的内在联系紧密，表现为市场上所有的股票聚集为一类，如图 3-1（a）所示；若在一段时间内大部分股票的多维特征一致，则意味着大部分股票间都表现出一致的特点，此时股票间的内在联系相对紧密，市场上大部分股票聚集为一类，如图 3-1（b）所示；若在一段时间内所有股票的多维特征完全不一致，则意味着所有股票间都表现出差异的特点，此时股票间不存在任何联系，市场上不存在股票的聚集现象，如图 3-1（d）所示。所有股票聚集为一类、大部分股票聚集为一类、股票间没有聚集现象，这种股票间聚集现象表现出的不一致在本书中称为股票市场的“结构性分歧”（Structure Disagreement），即结构性分歧是指在给定股票特征（交易量、换手率以及投资者情绪等）情况下，一定时间内股票间聚集现象表现出的不一致。鉴于此，本章关心的是如何度量这种结构性分歧，以及这种市场结构性分歧会对市场的收益产生什么样的影响，以期对现有关于分歧的研究做出有益的补充和完善。

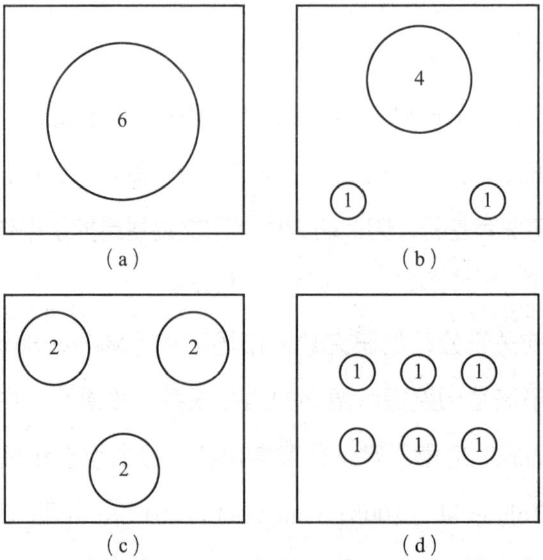

图 3-1　市场结构性分歧示意图

基于上述分析，本书首先提出了股票市场结构性分歧概念，其次基于 K-Means 聚类算法和基尼不纯度衡量了我国中证 100 指数股票市场结构性分歧，最后探索分析了市场结构性分歧对指数收益的影响。

第二节 市场结构性分歧的度量

为了度量股票市场结构性分歧，需要解决两个关键问题：①如何挖掘市场中股票的聚集现象？②挖掘出股票间的聚集现象后，如何度量不一致?

针对挖掘市场中的股票聚集，机器学习模型中有许多聚类算法可以借鉴，最经典的属于 K-Means 聚类算法，其算法流程如下：

（1）初始化聚类数量 k；

（2）从数据集中随机选择 k 个数据点作为质心；

（3）计算数据集中每个点与每个质心的距离，并将数据集中每个点划分到距离其最近质心所属的集合；

（4）重复步骤（3），直到数据集中每个点对应的质心集合不再改变（收敛）或达到最大的实验次数。

K-Means 聚类算法虽然简单但是表现优异，需要注意的是，K-Means 算法中需要设置的参数为聚类的数量，为了避免单个参数对结果的影响，本章分别设置了 3、5 和 7 的聚类数量；同时，随机种子会对 K-Means 聚类算法产生一定的影响，为了削弱随机种子对结果的影响，本章对实验结果进行了 30 次实验（随机种子设置从 0 到 29，间隔为 1）。

针对股票间聚集现象表现得不一致，论文使用基尼不纯度来衡量市场结构性分歧，基尼不纯度是机器学习分类算法（特别是决策树类型的分类算法）中常用的一种度量分类纯度指标，表示集合中的某一类别对象随机应用于集合中其他类别对象的预期误差率。若所有股票同属一个类别，则市场股票不存在其他类别，当任意一只股票被随机应用于其他股票类别时，被错误标记的预期概率为零，即市场类别纯度最高，不纯度最低，意味着市场所有股票间不存在分歧；若每只股票分属不同的类别，则任意一只股票在随机应用于其他股票类别时，被错误标记的预期概率最高（除自身类别外，都会被错误标记），即所有的股票都有属于自己的风格，市场对应的纯度极低，不纯度最高，意味着市场所有股票间的分歧最大。因此可以使用基尼不纯度衡量市场的结构性分歧，基尼不纯度的计算公式为：

$$G=\sum_{i=1}^{i=C} f_i \times \left(1-f_i\right) \tag{3-1}$$

其中，G 表示基尼不纯度，i 表示类，C 表示股票类的数量，f_i 表示股票属于类 i 的频率，由此可知图 3-1（a）、图 3-1（b）、图 3-1（c）3 种不同的市场结构性分歧分别为 0、0.50、0.83。

我们进一步以中证 100 指数股票市场为例，计算了该市场对应的市场结构性分歧时间序列。

一、结构性分歧计算

本章以中证 100 指数股票市场为例给出了股票市场结构性分歧的简单计算过程，中证 100 指数成份股采集时间是 2019 年 2 月 28 日，数据频率为周。首先，针对特征，本章以每周内个股的日度交易量的对数增长率为特征对市场中股票间的聚集现象进行分析。其次，针对时间，本章以 2015 年 7 月 13—19 日时间段为例，对市场结构性分歧的计算进行了详细说明，其中聚类数量为 5、随机种子为 0，对应的聚类结果见表 3-1。

表 3-1　2015 年 7 月 13—19 日中证 100 指数股票市场股票间的聚集结果

聚类类别	股票代码
0	000651，002024，002352，002450，002594，600023，600115，600518，600606，601018，601633，601727，601933，601985，601989，603993
1	000001，000002，000166，000333，000538，000568，000776，000858，000895，002142，002252，002304，002736，300059，600000，600009，600010，600011，600015，600016，600018，600019，600028，600030，600036，600048，600050，600104，600276，600309，600340，600519，600585，600690，600837，600887，600958，600999，601006，601009，601088，601166，601169，601186，601211，601225，601238，601288，601318，601328，601336，601360，601390，601398，601601，601618，601628，601668，601669，601688，601766，601800，601818，601857，601888，601899，601988，601998，603288
2	000725，600703
3	000063
4	000069
结构性分歧值	16/89×（1−16/89）+69/89×（1−69/89）+2/89×（1−2/89）+1/89×（1−1/89）+1/89×（1−1/89）=0.366

从表 3-1 中我们可以发现，2015 年 7 月 13—19 日我国中证 100 指数股票市场结构呈现出图 3-1（b）中的情景，表明中证 100 指数股票市场在该段周期中大部分股票在成交上表现出一致的特征，此时市场分歧较小。为了避免 K-Means 聚类中随机种子对聚类算法产生较大的影响，进而导致结构性分歧的不确定性，本章对 K-Means 算法进行了 30 次独立实验，详细结果如表 3-2 所示，最后取 30 次独立实验的均值作为该周期中证 100 指数股票市场的结构性分歧值，因此在该周期内中证 100 指数股票市场的结构性分歧值为 0.374。

表 3-2　2015 年 7 月 13—19 日中证 100 指数股票市场股票间的聚集结果

随机种子	0	1	2	3	4	5	6	7	8	9
结构性分歧值	0.366	0.379	0.366	0.379	0.366	0.379	0.392	0.366	0.379	0.379
随机种子	10	11	12	13	14	15	16	17	18	19
结构性分歧值	0.379	0.366	0.379	0.366	0.366	0.379	0.366	0.379	0.379	0.379
随机种子	20	21	22	23	24	25	26	27	28	29
结构性分歧值	0.366	0.379	0.379	0.366	0.379	0.366	0.379	0.379	0.379	0.366
结构性分歧平均值	0.374									

二、结构性分歧描述性统计

基于上述关于结构性分歧的计算过程，以个股日度交易量的对数增长率为特征，本章分别计算了中证 100 指数股票市场（成份股采集时间为 2019 年 2 月 28 日）在 2007 年 1 月 15 日至 2018 年 12 月 23 日的市场结构性分歧，共计 582 周数据。在聚类数量为 3、5、7 的情况下，中证 100 指数股票市场结构性分歧的时间序列如图 3-2 所示。

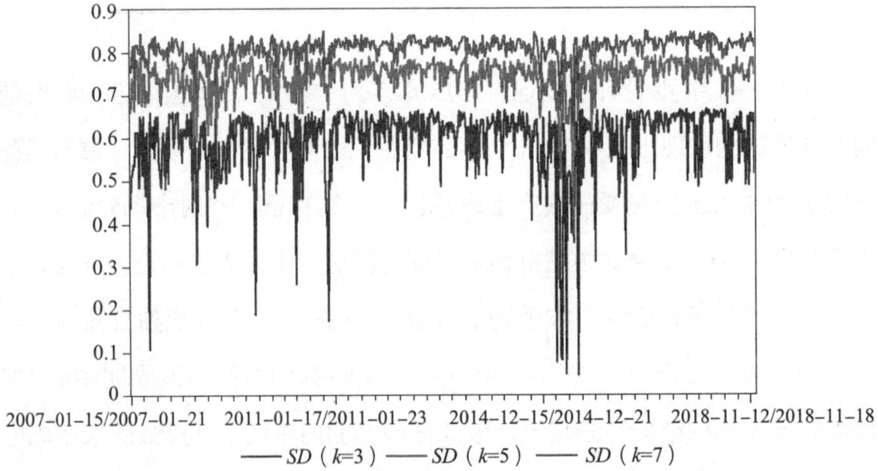

图 3-2　中证 100 指数股票市场结构性分歧的周度时间序列

从图 3-2 中可以发现，中证 100 指数股票市场在 2015 年 4—8 月市场结构性分歧值特别异常，市场结构性分歧较小。进一步可以发现，2015 年 4—8 月中证 100 指数股票市场上大部分股票聚集到了一起，出现了类似图 3-1（b）的聚集现象，股票间分歧变小，而这段时间恰好是中证 100 指数处于阶段性顶部震荡以及阶段性大跌的行情，意味着从主观上来看，本章提出的结构性分歧因子能够提供额外的信息，这些信息能否提高择时与择股能力是本章接下来着重探究的问题。

表 3-3 给出了中证 100 指数股票市场在 2007 年 1 月 15 日至 2018 年 12 月 23 日结构性分歧因子的统计特征。从表 3-3 可以看出，随着聚类类别数量的增多，市场的结构性分歧均值水平越来越大（在图 3-2 中也可以看到这种现象），这主要是因为聚类类别越多，表明聚集结果越分散，意味着分歧的相对增加，但分歧值的标准差越来越小，意味分歧的信息含量越来越少，因此在分析过程中不能一味地增加聚类的数量。

表 3-3　中证 100 指数股票市场结构性分歧周度时间序列的统计性特征

聚类类别数量	均值	标准差	最小值	分位数			最大值
				25%	50%	75%	
k=3	0.593	0.087	0.045	0.568	0.622	0.648	0.666
k=5	0.742	0.041	0.374	0.727	0.750	0.770	0.794
k=7	0.809	0.025	0.627	0.799	0.814	0.826	0.849

此外，本章也分析了不同结构性分歧间的相关关系，详细的相关关系如表 3-4 所示，可以发现不同方法间的相关性较大，特别是聚类数量为 5 和 7 间的相关系数达到 0.858，这表明本章没必要进一步对更多的聚类数量进行鲁棒性分析，而由于本身市场中股票数量较多，其形态千变万化，聚类的数量不宜太少，因此本章着重分析了聚类数量为 3、5、7 时股票市

场的结构性分歧。

表 3-4 中证 100 指数股票市场不同结构性分歧间的相关性

聚类类别数量	k=3	k=5	k=7
k=3	1.000	0.651	0.604
k=5	0.651	1.000	0.858
k=7	0.604	0.858	1.000

第三节 市场结构性分歧与市场收益间的关系研究

通过上节分析可以发现，本章提出的市场结构性分歧可能会带来更多的信息，本节将对此进行严谨的分析，利用 VAR 模型对股票市场结构性分歧与股票指数间的关系进行探讨。考虑到交易量常被用作分歧的替代变量（Hong and Stein，2007；Yu，2011；Carlin et al.，2014），为了体现本章提出的市场结构性分歧与传统分歧的差异，本章用聚类特征为日度交易量的对数增长率、聚类数量为 5 的市场结构性分歧因子进行分析，着重分析了股票市场结构性分歧、交易量以及市场指数收益间的关系。

一、数据说明

在本节研究中，采用的数据周期与频率均与上节类似，使用数据的频率为周度数据，时间范围从 2007 年 1 月 15 日至 2018 年 12 月 23 日，为了保证数据的平稳性，本章分别使用了指数的对数收益率、交易量的对数增长率为指数收益以及交易量的替代变量，除去非交易日数据，本章分析的数据量为 582，三类特征的数据都通过了 ADF（Augmented Dickey-Fuller）检验，可以保证所使用数据的平稳性。

中证 100 指数的对数收益率、中证 100 指数交易量的对数增长率以及中证 100 指数股票市场的结构性分歧时间序列如图 3-3 所示。从图 3-3 可以发现：①我国中证 100 指数股票市场在 2008 年以及 2014 年附近出现了明显异常；②在异常的收益时间区间，交易量并未有显著的异常；③在异常的收益时间区间，本章提出的市场结构性分歧出现了显著异常。

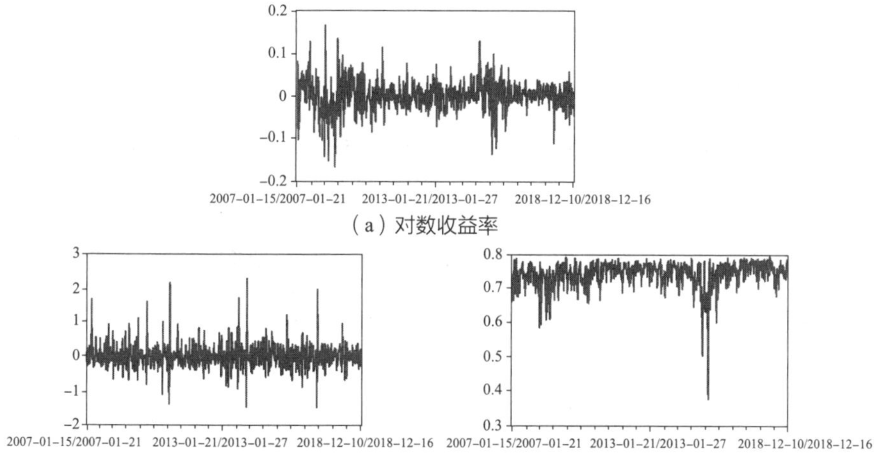

（a）对数收益率

（b）交易量的对数增长率

（c）市场结构性分歧

图 3-3　中证 100 指数的对数收益率、中证 100 指数交易量的对数增长率、中证 100 指数股票市场的结构性分歧

二、格兰杰因果检验

根据 Vozlyublennaia（2014）的研究，本章对收益率（R）、交易量（V）以及结构性分歧（SD）三者进行了格兰杰因果检验（Granger Causality Test），以检测三者之间关系的显著性，带有 n 项滞后的格兰杰因果关系识别模型为：

$$
\begin{aligned}
R_t &= \delta_{01} + \delta_{11}R_{t-1} + \cdots + \delta_{n1}R_{t-n} + \theta_{11}V_{t-1} + \cdots + \theta_{n1}V_{t-n} + \\
&\quad \gamma_{11}SD_{t-1} + \cdots + \gamma_{n1}SD_{t-n} + e_t \\
V_t &= \delta_{02} + \delta_{12}R_{t-1} + \cdots + \delta_{n2}R_{t-n} + \theta_{12}V_{t-1} + \cdots + \theta_{n2}V_{t-n} + \\
&\quad \gamma_{12}SD_{t-1} + \cdots + \gamma_{n2}SD_{t-n} + e_t \\
SD_t &= \delta_{03} + \delta_{13}R_{t-1} + \cdots + \delta_{n3}R_{t-n} + \theta_{13}V_{t-1} + \cdots + \theta_{n3}V_{t-n} + \\
&\quad \gamma_{13}SD_{t-1} + \cdots + \gamma_{n3}SD_{t-n} + e_t
\end{aligned} \tag{3-2}
$$

格兰杰因果检验的零假设、t 值，以及 p 值如表 3–5 所示，根据 Vozlyublennaia（2014）的研究，本章同样按照关系的显著性确定滞后项，从表 3–5 中可以看出，随着滞后项的增加，收益率、交易量以及市场结构性分歧之间部分关系显著性减弱，这意味着模型被过度识别。因此，在接下来的分析中，本章将使用滞后项为 2 的 VAR 模型进行相关实验分析。从滞后项为 2 的格兰杰因果检验结果中可以发现，本章提出的股票市场结构性分歧和指数收益间存在显著的关系，而被常用作分歧替代变量的交易量，并未对市场收益产生显著的影响，但对市场的结构性分歧有显著的影响，这意味着本章提出的股票市场结构性分歧确实可以为股票市场收益的预测带来更多的信息。

表 3–5　收益率、交易量以及市场结构性分歧之间的格兰杰因果关系检验

滞后期	零假设	t 值	p 值
2	V 不是 R 的格兰杰原因	1.236	0.291
	R 不是 V 的格兰杰原因	8.614	0.000***
	SD 不是 R 的格兰杰原因	3.151	0.044**
	R 不是 SD 的格兰杰原因	8.624	0.000***
	V 不是 SD 的格兰杰原因	4.085	0.017**
	SD 不是 V 的格兰杰原因	0.859	0.424

续表

滞后期	零假设	t 值	p 值
3	V 不是 R 的格兰杰原因	0.902	0.440
	R 不是 V 的格兰杰原因	7.123	0.000***
	SD 不是 R 的格兰杰原因	2.330	0.073*
	R 不是 SD 的格兰杰原因	6.179	0.000***
	V 不是 SD 的格兰杰原因	2.554	0.055*
	SD 不是 V 的格兰杰原因	2.028	0.109
4	V 不是 R 的格兰杰原因	0.940	0.440
	R 不是 V 的格兰杰原因	5.527	0.000***
	SD 不是 R 的格兰杰原因	1.978	0.096*
	R 不是 SD 的格兰杰原因	4.906	0.000***
	V 不是 SD 的格兰杰原因	2.181	0.070*
	SD 不是 V 的格兰杰原因	1.480	0.207

注：*、**、*** 分别表示在 0.1、0.05、0.01 水平上显著。

三、市场结构性分歧、交易量与收益率间的关系

从格兰杰因果关系检验中，我们发现市场结构性分歧会对市场收益产生显著的影响，为了确定这种影响的大小、方向以及持续时长情况，本章通过 VAR 模型对三者的关系进行了估计。本章使用的 VAR 模型为：

$$\boldsymbol{X}_t = \alpha_0 + \alpha_1 \boldsymbol{X}_{t-1} + \cdots + \alpha_n \boldsymbol{X}_{t-n} + \epsilon_t \quad (3-3)$$

其中，$\boldsymbol{X}$ 为向量，包含收益率、交易量以及市场结构性分歧 3 个变量；ϵ 为残差向量，分别对应 3 个变量的残差。收益率、交易量以及市场结构性分歧的 VAR 模型估计结果见表 3-6。

表 3-6　收益率、交易量以及市场结构性分歧的 VAR 模型估计结果

	截距	R_{t-1}	R_{t-2}	V_{t-1}	V_{t-2}	SD_{t-1}	SD_{t-2}	R^2
R_t	−0.094*** （0.036）	0.042 （0.043）	0.155*** （0.044）	−0.008* （0.005）	−0.004 （0.005）	0.055 （0.042）	0.071* （0.042）	0.036
V_t	−0.220 （0.342）	1.661*** （0.415）	0.491 （0.420）	−0.384*** （0.043）	−0.177*** （0.043）	0.563 （0.401）	−0.229 （0.399）	0.128
SD_t	0.410*** （0.035）	−0.104*** （0.042）	0.146*** （0.043）	−0.011** （0.004）	−0.010** （0.004）	0.299*** （0.041）	0.149*** （0.041）	0.162

注：括号内数字表示估计系数的标准差，*、**、*** 分别表示在 0.1、0.05、0.01 水平上显著。

针对 VAR 模型的第一个方程，即被解释变量为收益率，解释变量为收益率、交易量以及市场结构性分歧的滞后项。由表 3-6 可知：①历史收益率与收益率间呈现出显著的正相关关系，特别是过去两周收益率的增加可以带来显著的收益率增加，这意味着我国中证 100 指数股票市场存在着显著的收益动量效应；②市场结构性分歧与收益率间呈现出正相关关系，特别是历史两期的市场结构性分歧的增加可以显著地带来市场收益的增加；③市场过去的交易量与市场收益间呈现出负相关关系，遗憾的是，通过格兰杰因果关系检验结果可以发现，整体而言，交易量与收益率的关系并不显著。总体来说，通过该实验可以发现本章提出的市场结构性分歧变量可以带来比常用作分歧替代变量的交易量更多的信息，且与收益率间呈现出显著的正相关关系。

针对 VAR 模型的第二个方程，即被解释变量为交易量，解释变量为收益率、交易量以及市场结构性分歧的滞后项。由表 3-6 可知：①历史交易量与交易量呈现出显著的负相关关系，即过去两周内交易量对数增长率的增加可以带来显著的当期交易量对数增长率的下降；②历史收益率与交

易量呈现出积极的正相关关系，特别是过去一周对数收益率的增加可以带来当期交易量对数增长率的增加；③市场结构性分歧与交易量间的关系不显著。总体来说，以交易量为分歧的替代变量表明我国中证 100 指数股票市场分歧呈现出一定的收敛特征。

针对 VAR 模型的第三个方程，即被解释变量为市场结构性分歧，解释变量为收益率、交易量以及市场结构性分歧的滞后项。由表 3-6 可知：①过去市场结构性分歧与市场结构性分歧呈现出显著的正相关关系，即过去市场结构性分歧的增加可以带来当期市场结构性分歧的进一步增加；②历史收益率与市场结构性分歧呈现出不稳定的关系，过去两周对数收益率的增加可以增加市场结构性分歧，而过去一周对数收益率的增加可以降低市场结构性分歧；③交易量与市场结构性分歧呈现出负相关关系，即交易量对数增长率的增加降低了市场结构性分歧，这表明我国中证 100 指数股票市场的交易量增加可以带来市场股票特征的趋同。总体来说，不管是收益率还是交易量，都对市场结构性分歧有显著的影响。

综上所述，可以看到本章提出的市场结构性分歧相比交易量解释了市场收益的更多信息，可以为市场择时投资者带来更多的收益，进而提高我国股票市场的有效性。

四、市场结构性分歧、交易量与收益率影响的持续性

本章针对上述 VAR 模型的估计进行了单位根检验，发现上述模型稳定，因此进一步分析了不同变量的冲击响应，以探究不同变量的持续性，详细的冲击响应函数图形如图 3-4 所示。

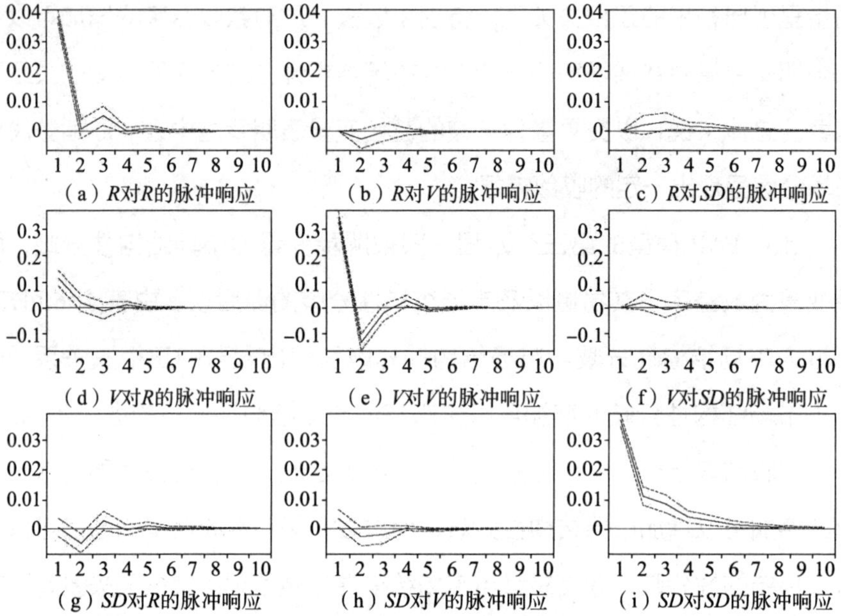

（a）R对R的脉冲响应　（b）R对V的脉冲响应　（c）R对SD的脉冲响应

（d）V对R的脉冲响应　（e）V对V的脉冲响应　（f）V对SD的脉冲响应

（g）SD对R的脉冲响应　（h）SD对V的脉冲响应　（i）SD对SD的脉冲响应

图 3-4　收益率、交易量以及市场结构性分歧间脉冲响应分析

对收益率来说，交易量的冲击导致收益率的下降，但持续时间较短，第三期即变为零；而市场结构性分歧的冲击导致收益增加，其影响先扩大后缩小，且持续时间较长。对交易量来说，收益率的冲击可以带来交易量的增加，其影响逐步缩小，最后收敛于零，且影响持续性相对较长；而市场结构性分歧对交易量的影响较小，影响先扩大后缩小，且持续时间较短。对市场结构性分歧来说，收益率的冲击可以导致市场结构性分歧先加大后缩小，且其影响持续时间较长；而交易量的冲击导致市场结构性分歧先加大后缩小，且影响持续时间较短。也就是说，从影响的持续时间来看，相比分歧的替代变量交易量，本章提出的市场结构性分歧对收益率有显著的正向影响，且持续时间较长，从侧面说明了市场结构性分歧比交易量更重要。

第四节 市场结构性分歧、交易量与收益率关系间的鲁棒性分析

上节分别分析了市场结构性分歧、交易量以及收益率间的格兰杰因果关系，并分析了三者间相互影响的方向性问题，同时探讨了三者间相互影响的持续性问题，然而在上述研究中仍然有一些问题值得思考：①当控制一些其他变量时，三者之间的关系是否发生了显著变化？②在计算市场结构性分歧中，当从不同的聚类特征进行市场结构性分歧计算时，是否会影响三者间关系的显著性？③在计算市场结构性分歧中，当聚类算法中设置的聚类数量发生改变时，三者间的关系是否发生了改变？本章将进一步探讨这些问题，其中重点关注市场结构性分歧、交易量对收益率的影响。

一、控制变量对关系的影响

考虑到数据的可获取性以及使用数据的频率，本章主要从市场内以及市场外考虑控制变量。针对市场内变量，选取了市场资本金流入的增长率（*NCI*）以及部分常用的技术指标，包括顺势指标（*CCI*）、异同移动平均线（*MACD*）、相对强弱指标（*RSI*）、简单移动平均（*SMA*）、威廉指标（*WillR*）。针对市场外变量，选取了标普 500 指数（*SP*500）、恒生指数（*HSI*）、日经 225 指数（*N*225）、德国 DAX 指数（*DAX*）以及美元对人民币汇率（*USD*/*CNY*）。为了保证数据的平稳性，对部分变量进行了对数化处理，包括：*SMA*、*SP*500、*HSI*、*N*225、*DAX*、*USD*/*CNY*。增加控制变量后，市场结构性分歧、交易量以及收益率间 VAR 模型的估计结果如表 3-7 所示。

表 3-7　增加控制变量后，VAR 模型的估计结果

变量	R_t		V_t		SD_t	
Intercept	−0.094*** （0.036）	−0.034 （0.025）	−0.220 （0.342）	−0.004 （0.362）	0.410*** （0.035）	0.444*** （0.040）
R_{t-1}	0.042 （0.043）	−0.390*** （0.036）	1.661*** （0.415）	0.051 （0.515）	−0.104*** （0.042）	−0.115** （0.056）
R_{t-2}	0.155*** （0.044）	−0.247*** （0.034）	0.491 （0.420）	−0.107 （0.485）	0.146*** （0.043）	0.138*** （0.052）
V_{t-1}	−0.008* （0.005）	−0.003 （0.003）	−0.384*** （0.043）	−0.398*** （0.041）	−0.011** （0.004）	−0.010** （0.004）
V_{t-2}	−0.004 （0.005）	−0.003 （0.003）	−0.177*** （0.043）	−0.189*** （0.041）	−0.010** （0.004）	−0.011** （0.004）
SD_{t-1}	0.055 （0.042）	0.004 （0.027）	0.563 （0.401）	0.479 （0.379）	0.299*** （0.041）	0.292*** （0.041）
SD_{t-2}	0.071* （0.042）	0.069*** （0.026）	−0.229 （0.399）	−0.318 （0.374）	0.149*** （0.041）	0.145*** （0.040）
USD/CNY		0.677 （0.338）		7.137 （4.809）		−0.735 （0.520）
DAX		−0.041 （0.061）		0.318 （0.863）		−0.070 （0.093）
SP500		−0.049 （0.076）		−1.462 （1.083）		0.075 （0.117）
HSI		0.310*** （0.050）		−0.282 （0.716）		−0.047 （0.077）
N225		0.040 （0.049）		0.617 （0.716）		0.140* （0.077）
MACD		−0.000 （0.000）		−0.000 （0.000）		0.000 （0.000）

续表

变量	R_t		V_t		SD_t	
CCI		0.000 (0.000)		0.002*** (0.000)		−0.000 (0.000)
RSI		0.000 (0.000)		−0.000 (0.002)		−0.000 (0.000)
SMA		0.494** (0.241)		−0.286 (3.428)		0.288 (0.371)
WillR		−0.001*** (0.000)		−0.002 (0.001)		−0.000 (0.000)
NCI		0.000*** (0.000)		0.000 (0.000)		−0.000*** (0.000)
R^2	0.036	0.623	0.128	0.252	0.162	0.195

注：括号内数字表示估计系数的标准差，*、**、*** 分别表示在 0.1、0.05、0.01 水平上显著。

从表 3-7 的结果可以发现，增加控制变量后：分歧的替代变量交易量对收益率影响的显著性消失；历史收益率对当期收益率的影响显著扩大，且出现了负向影响，表明我国股票市场并非真正存在收益动量效应，增加信息后收益率呈现出动量反转效应；本章提出的市场结构性分歧对收益率影响的显著性增加。进一步地，可以发现历史收益率、交易量以及市场结构性分歧对当期交易量和市场结构性分歧影响的显著性与方向基本一致。此外，可以发现国际重要市场并未对我国中证 100 指数的收益率产生影响，我国中证 100 指数收益率主要还是受到中国香港市场、市场本身技术特征以及资本净流入的影响。总之，通过增加控制变量进一步确定本章提出的市场结构性分歧对市场收益的影响依然稳定存在，可以提高市场收益率的预测水平。

二、聚类特征对关系的影响

所有市场结构性分歧的计算在聚类分析中选择的是聚类特征为每周内日度交易量的对数增长率，本章选用每周内日度换手率的对数增长率为聚类特征探讨了市场结构性分歧、交易量以及收益率间的关系。在更换聚类特征后，市场结构性分歧、交易量以及收益率间 VAR 模型的估计结果见表 3-8。

表 3-8　更换聚类特征后的 VAR 模型估计结果

变量	R_t		V_t		SD_t	
	交易量	换手率	交易量	换手率	交易量	换手率
Intercept	−0.094*** （0.036）	−0.096*** （0.036）	−0.220 （0.342）	−0.305 （0.346）	0.410*** （0.035）	0.403*** （0.035）
R_{t-1}	0.042 （0.043）	0.041 （0.043）	1.661*** （0.415）	1.642*** （0.415）	−0.104*** （0.042）	−0.129*** （0.042）
R_{t-2}	0.155*** （0.044）	0.154*** （0.044）	0.491 （0.420）	0.487 （0.422）	0.146*** （0.043）	0.144*** （0.042）
V_{t-1}	−0.008* （0.005）	−0.008* （0.005）	−0.384*** （0.043）	−0.383*** （0.043）	−0.011** （0.004）	−0.010** （0.004）
V_{t-2}	−0.004 （0.005）	0.003 （0.005）	−0.177*** （0.043）	−0.179*** （0.043）	−0.010** （0.004）	−0.008* （0.004）
SD_{t-1}	0.055 （0.042）	0.056 （0.043）	0.563 （0.401）	0.473 （0.410）	0.299*** （0.041）	0.320*** （0.041）
SD_{t-2}	0.071* （0.042）	0.073* （0.043）	−0.229 （0.399）	−0.024 （0.408）	0.149*** （0.041）	0.138*** （0.041）
R^2	0.036	0.037	0.128	0.127	0.162	0.174

注：括号内数字表示估计系数的标准差，*、**、*** 分别表示在 0.1、0.05、0.01 水平上显著。

改变聚类特征后，可以发现所有变量系数的大小和方向未发生明显改变，且变量的显著性也未明显改变，因此我们可以看到本章提出的市场结构性分歧因子相对比较稳定，受聚类特征的影响较小，这也从侧面表明市场结构性分歧包含了更多的结构信息。

三、聚类数量对关系的影响

众所周知，K-Means 聚类算法对聚类数量特别敏感，本节主要分析了聚类数量对市场结构性分歧、交易量以及收益率间关系的影响，通过前文不同聚类数量对应市场结构性分歧的相关关系可以知道，随着聚类数量的增加，市场结构性分歧变量间相关性变大，而聚类数量 5 和 7 对应的市场结构性分歧变量间的相关性已经达到 0.858，因此本章主要分析了聚类数量为 3、5、7 情况下市场结构性分歧、交易量以及收益率间的关系，其对应 VAR 模型的估计结果如表 3-9 所示。

表 3-9　聚类数量为 3、5、7 情况下，VAR 模型的估计结果

变量	R_t			V_t			SD_t		
	3	5	7	3	5	7	3	5	7
Intercept	−0.016 (0.014)	−0.094*** (0.036)	−0.155** (0.064)	−0.069 (0.132)	−0.220 (0.342)	−0.415 (0.615)	0.384*** (0.030)	0.410*** (0.035)	0.459*** (0.038)
R_{t-1}	0.047 (0.043)	0.042 (0.043)	0.043 (0.043)	1.657*** (0.415)	1.661*** (0.415)	1.623*** (0.416)	−0.249*** (0.095)	−0.104** (0.042)	−0.049* (0.026)
R_{t-2}	0.151*** (0.044)	0.155*** (0.044)	0.144*** (0.044)	0.443 (0.421)	0.491 (0.420)	0.469 (0.420)	0.119 (0.096)	0.146*** (0.043)	0.089*** (0.026)
V_{t-1}	−0.007 (0.005)	−0.008* (0.005)	−0.008* (0.005)	−0.380*** (0.043)	−0.384*** (0.043)	−0.379*** (0.043)	−0.001 (0.010)	−0.011** (0.004)	−0.005* (0.003)
V_{t-2}	−0.003 (0.005)	−0.004 (0.005)	−0.003 (0.005)	−0.181*** (0.043)	−0.177*** (0.043)	−0.178*** (0.043)	0.004 (0.010)	−0.010** (0.004)	−0.004 (0.003)

续表

变量	R_t			V_t			SD_t		
	3	5	7	3	5	7	3	5	7
SD_{t-1}	0.010 (0.019)	0.055 (0.042)	0.035 (0.069)	0.086 (0.181)	0.563 (0.401)	0.792 (0.665)	0.214*** (0.041)	0.299*** (0.041)	0.308*** (0.041)
SD_{t-2}	0.017 (0.019)	0.071* (0.042)	0.155** (0.069)	0.079 (0.179)	−0.229 (0.399)	−0.244 (0.662)	0.139*** (0.041)	0.149*** (0.041)	0.125*** (0.041)
R^2	0.026	0.036	0.036	0.126	0.128	0.127	0.091	0.162	0.156

注：括号内数字表示估计系数的标准差，*、**、*** 分别表示在 0.1、0.05、0.01 水平上显著。

从表 3-9 的结果可以发现，当聚类数量下降时，市场结构性分歧对收益率的影响不再显著；当聚类数量上升时，市场结构性分歧对收益率影响的显著性增强。在其他关系中，变量的方向和显著性基本未发生改变。在聚类数量为 3、5、7 中，解释性最好的为 5，这意味着在计算市场结构性分歧过程中，聚类的数量并非越多越好，也并非越少越好。聚类数量并非越多越好，一方面可能是因为聚类数量的增多导致市场结构性分歧方差降低，减少了变量的信息量；另一方面可能是因为市场结构性分歧间相关性越来越高，分析更高聚类数量的市场结构性分歧没有更大意义。聚类数量并非越少越好，其主要原因可能为股票市场存在多种形态的股票，聚类数量太少增加了股票聚类的误差，影响了市场结构性分歧的计算结果。

从上述所有关于市场结构性分歧、交易量以及收益率间关系的鲁棒性实验可以发现，在合理的聚类数量下，本章提出的市场结构性分歧因子对未来的市场收益有显著的正向影响，即市场结构性分歧的加大可以带来更多的收益，而分歧的替代变量交易量并未与市场收益表现出显著的格兰杰因果关系。此外，可以发现我国中证 100 指数收益率的变化主要受到中国香港市场、市场本身技术面以及市场资本净流入的影响，受国际重要股票市场的影响不显著。

本章小结

为了从市场结构层面分析股票市场分歧，本章提出了股票市场结构性分歧概念。区别于前人从投资者视角对个股分歧进行研究，本章从股票市场中个股自身的表现特征入手，结合机器学习模型中的聚类算法和基尼不纯度度量了我国中证 100 指数股票市场结构性分歧，最后基于 VAR 模型探索了股票市场结构性分歧对股票市场收益的影响。通过中证 100 指数股票市场的实验发现：

（1）在 2015 年 4—8 月（我国股票市场见顶与急速下跌期），中证 100 指数股票市场出现了极端的股票聚集现象，中证 100 指数股票市场的结构性分歧异常变小。

（2）在合理的聚类数量情况下，中证 100 指数股票市场的结构性分歧对市场的收益有显著的相对稳定影响，且影响的持续时间较长，特别是股票市场的结构性分歧越大，股票市场未来两周的收益越会显著增加，而常作为分歧的替代变量的交易量并未显著影响市场的收益。

（3）中证 100 指数股票市场收益率的变化主要受到中国香港市场、市场本身技术面以及市场资本净流入的影响，受国际重要股票市场的影响不显著。

此外，我们从本章可以得到很多有意义的启示：①市场结构性分歧因子可以为股票市场带来更多信息；②对政府监管者而言，可通过对市场结构性分歧的实时监控，通过一定的手段（包括直接注入资金或通过资金适当调整市场的技术性特征）维护资本市场的健康，特别是避免恐慌情绪造成的市场异常波动；③对投资者而言，可通过对市场结构性分歧的分析，选择买卖的时机，如当市场结构性分歧有增加趋势时入市，并于未来两周后选择退出。

第四章

市场结构性分歧视角下指数收益的可预测性

第一节 引言

预测是智能金融中证券投资的重要方面之一，预测有助于投资者的择时判断，股票市场择时模型主要包括技术因子择时以及预测模型择时。近些年来，随着大数据、人工智能等技术的发展，预测择时模型受到了众多投资者和学者的关注，大量研究表明，机器学习算法在预测股票价格走势上有很好的表现（Kara et al.，2011；李斌、林彦、唐闻轩，2017；Chong et al.，2017）。

此外，通过第三章的实验可以发现，本章提出的市场结构性分歧因子对市场的收益有显著的正向影响，但第三章实验中使用的是 VAR 模型，而该模型是线性模型。一个很重要的问题就是，本章提出的市场结构性分歧因子对非线性预测模型（特别是机器学习模型）而言，影响又是如何呢?

在使用机器学习模型预测过程中需要注意一些问题，主要包括：①先对数据标准化或归一化，后对数据进行训练集、测试集划分，使训练集中的数据使用到测试集中的信息，导致模型在训练过程中使用到未来的数据信息；②对数据进行训练集、测试集划分时采用机器学习模型常用的 8：2 随机划分原则，可能使未来的数据进入训练集，历史的数据进入测试集，同样会导致训练过程中使用到未来的信息；③模型重新训练的周期性问题，模型的再训练并非频率越高越好，不同因子可能蕴含着不同周期的特征，导致模型出现评估误差；④因子的解释性问题等，因子的可解释性是金融投资者特别关注的问题，其决定了因子的合理性及其经济学含义。

因此，基于这些问题本章从更严谨的角度对市场结构性分歧视角下的基于机器学习模型的股票指数的可预测性问题进行了研究，主要包括：为避免使用到未来的数据信息，按照时间先后顺序划分训练集和测试集，使用训练集的标准化或归一化对测试集进行处理，同时对不同周期后指数收益进行了预测，并在第四节对市场结构性分歧进行了相应的解释。

第二节 方法模型

针对机器学习模型，本章分别选取了线性回归（Linear Regression，LR）、自适应提升（AdaBoost）、随机森林（Random Forest）、极端梯度提升（XGBoost）、梯度提升（Gradient Boosting）5 种机器学习算法，其中线性回归是金融投资领域最常用的方法之一；自适应提升在金融市场表现出相对较明显的优势（李斌、林彦、唐闻轩，2017）；随机森林和极端梯度提升近些年来在各个领域都有很好的表现；梯度提升与自适应提升、极端梯度提升和随机森林一样都属于集成类算法，且这类算法拥有很好的鲁棒性。

本节研究的是市场结构性分歧视角下机器学习模型的可预测性，本章把研究中的重点放到市场结构性分歧的可预测性上，因此不再详细介绍机器的学习模型。需要注意的是，除线性回归外，其他 4 种机器学习方法都易受随机种子的影响，为了避免随机性造成的影响，本章对除线性回归外的其他 4 种机器学习方法都进行了 30 次重复试验，并取其均值作为最终的预测结果。

为了更好地衡量提出的市场结构性分歧因子对机器学习方法预测指数收益的影响，本章分别构建了两个基准模型，分别是：模型 1，使用自变量（外）和自变量（内），不同机器学习模型对市场指数的预测；模型 2，使用自变量（外）、自变量（内）以及特殊变量中的交易量（*Volume**），不同机器学习模型对市场指数的预测。此外，本章还额外构造了两个模型，用于衡量市场结构性分歧因子对机器学习模型的影响，分别为：模型 3，使用自变量（外）、自变量（内）以及特殊变量中的市场结构性分歧（*SD*），不同机器学习模型对市场指数的预测；模型 4，使用自变量（外）、自变量（内）以及特殊变量中的交易量和市场结构性分歧，不同机器学习模型对市场指数的预测。不同模型的输入变量见表 4-1。

表 4-1 不同模型的输入变量

模型	解释变量
模型 1	*USD/CNY*#，*CAC40*#，*DAX*#，*SP500*#，*HSI*#，*N225*#，*NCI*#，*CCI*，*MACD*，*MOM*，*RSI*，*SMA*#，*WillR*
模型 2	*USD/CNY*#，*CAC40*#，*DAX*#，*SP500*#，*HSI*#，*N225*#，*NCI*#，*CCI*，*MACD*，*MOM*，*RSI*，*SMA*#，*WillR*，*V*#
模型 3	*USD/CNY*#，*CAC40*#，*DAX*#，*SP500*#，*HSI*#，*N225*#，*NCI*#，*CCI*，*MACD*，*MOM*，*RSI*，*SMA*#，*WillR*，*SD*
模型 4	*USD/CNY*#，*CAC40*#，*DAX*#，*SP500*#，*HSI*#，*N225*#，*NCI*#，*CCI*，*MACD*，*MOM*，*RSI*，*SMA*#，*WillR*，*V*#，*SD*

注：# 表示相应变量的增长率或对数增长率，详细说明见 P69。

第三节 实证分析

一、数据说明

本章仍然基于中证 100 指数及成份股周度数据进行分析，样本周期为 2007 年 1 月 15 日至 2018 年 7 月 1 日，共计 559 条数据。因为金融数据的特殊性，随机对数据划分训练集和测试集可能会使用到未来的数据信息，所以本章使用 2007 年 1 月 15 日至 2016 年 12 月 26 日的数据作为训练集，2016 年 12 月 26 日至 2018 年 7 月 1 日的数据作为测试集。此外，为了避免训练过程中使用到未来的数据信息，如果模型需要对数据进行标准化处理，则对训练集进行标准化，进而使用训练集标准化的参数对验证集或测试集进行标准化。

为了针对性研究市场的可预测性，本章对因变量分别采用了未来 1 周［$R(1)$］、未来 1 个月［$R(4)$］、未来 2 个月［$R(8)$］、未来 1 个季度［$R(13)$］、未来半年［$R(26)$］的指数对数收益率；对自变量，本章选用了 13 个股票市场常用的变量，包括 6 个市场外部变量，汇率（*USD/CNY*）、法国指数（*CAC*40）、德国指数（*DAX*）、标普指数（*SP*500）、恒生指数（*HSI*）、日经 225 指数（*N*225）；7 个市场内部变量，市场资本净流入（*NCI*）、顺势指标（*CCI*）、异同移动平均（*MACD*）、动量（*MOM*）、相对强弱指标（*RSI*）、简单移动平均（*SMA*）、威廉指标（*WillR*）。

为了针对性探索市场结构性分歧的可预测性，本章选定了特殊变量，包括：交易量（*Volume*）以及市场结构性分歧（*SD*），其中，交易量可作为分歧的替代变量，在此作为特殊变量主要是为了与本章提出的市场结构性分歧进行对比。

为了保证所有变量数据的平稳性，对市场资本净流入采用资本净流入的增长率进行替代，对交易量、简单移动平均、汇率以及国际市场指数等 9 个变量使用其对数增长率进行替代，其他变量不进行任何处理，所有变量的统计性指标见表 4–2。根据 ADF 检验结果，可以确认所有控制变量的时间序列都是稳定的，因此可应用于指数收益率的预测。

表 4–2　中证 100 指数 2007 年 1 月 15 日至 2018 年 7 月 1 日相关变量的统计特征

变量	变量符号	均值	标准差	最小值	分位数			最大值
					25%	50%	75%	
因变量	*R*（1）	0.0005	0.0383	−0.1542	−0.0206	0.0003	0.0218	0.1652
	R（4）	0.0017	0.0814	−0.2698	−0.0422	0.0021	0.0434	0.3220
	R（8）	0.0023	0.1217	−0.3566	−0.0639	0.0023	0.0627	0.4256
	R（13）	0.0023	0.1625	−0.5025	−0.0896	0.0039	0.0858	0.4739
	R（26）	−0.0004	0.2594	−0.8551	−0.1431	−0.0075	0.1214	0.7332
自变量（外）	*USD/CNY**	−0.0003	0.0029	−0.0121	−0.0014	−0.0002	0.0005	0.0290
	*CAC*40*	0.0001	0.0309	−0.2505	−0.0159	0.0029	0.0181	0.1243
	*DAX**	0.0011	0.0319	−0.2435	−0.0152	0.0044	0.0182	0.1494
	*SP*500*	0.0013	0.0250	−0.2008	−0.0094	0.00270	0.0141	0.1136
	*HSI**	0.0005	0.0314	−0.1782	−0.0184	0.0026	0.0196	0.1172
	*N225**	0.0010	0.0316	−0.2788	−0.0149	0.0025	0.0193	0.1145
自变量（内）	*NCI**	−0.5245	51.6204	−954.2500	−0.7762	−0.2114	0.7419	708.9474
	CCI	7.0774	95.0206	−166.6667	−80.7027	14.1041	94.8895	166.6667
	MACD	11.6117	154.8739	−495.6738	−58.3565	4.7700	72.2887	577.0565
	MOM	15.6387	318.3397	−1046.7540	−128.7275	20.2470	161.7390	1311.9860
	RSI	52.5325	21.8435	11.2200	36.3560	51.7762	68.5978	99.8825
	*SMA**	0.0010	0.0192	−0.0597	−0.0098	0.0015	0.0103	0.0678
	WillR	46.7156	31.6883	0.0000	17.2674	45.3918	77.8240	100.0000

续表

变量	变量符号	均值	标准差	最小值	分位数			最大值
					25%	50%	75%	
特殊变量	*Volume**	0.0185	0.3935	−1.4985	−0.1928	−0.0008	0.1838	2.3008
	SD（*k*=3）	0.5928	0.0883	0.0447	0.5689	0.6227	0.6484	0.6662
	SD（*k*=5）	0.7416	0.0412	0.3742	0.7255	0.7503	0.7701	0.7939
	SD（*k*=7）	0.8089	0.0248	0.6272	0.7977	0.8132	0.8259	0.8492

二、模型评估

因为金融数据的特殊性，本章主要使用两种衡量准则。一方面，模型是拟合对数收益率，因此为了判断模型拟合的好坏，选用了均方根差（*RMSE*）；另一方面，针对金融问题，更多投资者关注的重点在市场的涨跌上，因此为了判断模型对市场盈亏的预测能力，选用方向准确性（*DA*）。*RMSE* 和 *DA* 的计算公式为：

$$RMSE=\sqrt{\frac{1}{N}\sum_{i=1}^{N}\left(y_i-\widehat{y_i}\right)^2} \tag{4-1}$$

$$DA=\frac{1}{N}\sum_{i=1}^{N}\max\left(0,sign\left(y_i\times\widehat{y_i}\right)\right) \tag{4-2}$$

其中，N 表示测试集中目标对象的数量，y_i 表示第 i 个目标对象真实的对数收益率，$\widehat{y_i}$ 表示第 i 个对象预测的对数收益率，$sign\left(y_i\times\widehat{y_i}\right)$ 是符号函数，表示若 $y_i\times\widehat{y_i}>0$，则该函数取 1；若 $y_i\times\widehat{y_i}=0$，则该函数取 0；若 $y_i\times\widehat{y_i}<0$，则该函数取 −1。

三、实验结果

本章不考虑机器学习模型的超参数选择问题，统一使用 Sklearn 包中默认的超参数，但因为 AdaBoost、Gradient Boosting 以及 XGBoost 涉及梯度的传导，为了降低不同数量级数据对梯度产生的影响，对这 3 个模型的训练数据进行了 Z－标准化处理，并将 Z－标准化应用于测试集。为了简便，本章先以 *SD*（*k*=5）为例对实验结果进行分析，本章使用 2007 年 1 月 15 日至 2016 年 12 月 26 日的数据训练不同的机器学习模型，并以 2016 年 12 月 26 日至 2018 年 7 月 1 日的数据测试不同模型的表现。*RMSE* 详细的实验结果见表 4-3。

表 4-3 市场结构性分歧视角下机器学习模型在测试集中的 *RMSE*

周数	模型 1					平均值	模型 2					平均值
	LR	***AB***	***GB***	***XGB***	***RF***		***LR***	***AB***	***GB***	***XGB***	***RF***	
1	0.022	0.027	0.025	0.024	0.028	0.025	0.022	0.026	0.025	0.024	0.027	0.025
4	0.044	0.049	0.053	0.052	0.057	0.051	0.044	0.050	0.057	0.051	0.056	0.051
8	0.061	0.065	0.075	0.073	0.076	0.070	0.062	0.064	0.076	0.072	0.074	0.069
13	0.085	0.078	0.097	0.097	0.097	0.091	0.086	0.078	0.098	0.091	0.097	0.090
26	0.157	0.148	0.145	0.146	0.159	0.151	0.158	0.146	0.155	0.151	0.159	0.154
平均值	0.074	0.073	0.079	0.078	0.083	**0.078**	0.074	0.073	0.082	0.078	0.083	**0.078**

周数	模型 3					平均值	模型 4					平均值
	LR	***AB***	***GB***	***XGB***	***RF***		***LR***	***AB***	***GB***	***XGB***	***RF***	
1	0.022	0.025	0.025	0.025	0.027	0.025	0.022	0.025	0.025	0.024	0.026	0.024
4	0.043	0.049	0.057	0.053	0.057	0.052	0.043	0.049	0.058	0.055	0.057	0.052
8	0.059	0.065	0.077	0.081	0.078	0.072	0.059	0.066	0.083	0.076	0.077	0.072
13	0.081	0.084	0.094	0.095	0.100	0.091	0.081	0.083	0.094	0.093	0.098	0.090
26	0.153	0.147	0.152	0.150	0.159	0.152	0.154	0.143	0.149	0.148	0.160	0.151
平均值	0.072	0.074	0.081	0.080	0.084	**0.078**	0.072	0.073	0.082	0.079	0.084	**0.078**

从 *RMSE* 的实验结果分析可以发现，所有模型对未来 1 周、1 个月、2 个月、1 个季度、半年的指数对数收益率拟合的 *RMSE* 为 0.078，可以得

到：不管是常用作分歧替代变量的交易量还是本章提出的市场结构性分歧（*SD*），都没能提高机器学习算法对指数收益率的拟合能力。

不同的机器学习模型在 2016 年 12 月 26 日至 2018 年 7 月 1 日测试集中对指数方向预测准确性的实验结果见表 4–4。

表 4–4　市场结构性分歧视角下机器学习模型在测试集中的 *DA*

周数	模型 1					平均值	模型 2					平均值
	LR	***AB***	***GB***	***XGB***	***RF***		***LR***	***AB***	***GB***	***XGB***	***RF***	
1	0.595	0.498	0.509	0.568	0.538	0.541	0.608	0.510	0.601	0.581	0.529	0.566
4	0.635	0.590	0.550	0.568	0.497	0.568	0.635	0.590	0.518	0.514	0.501	0.552
8	0.541	0.737	0.617	0.608	0.550	0.611	0.514	0.723	0.608	0.662	0.567	0.615
13	0.541	0.764	0.649	0.635	0.573	0.632	0.527	0.759	0.673	0.635	0.576	0.634
26	0.378	0.643	0.601	0.608	0.571	0.560	0.419	0.641	0.523	0.554	0.554	0.538
平均值	0.538	0.646	0.585	0.597	0.546	**0.582**	0.541	0.644	0.585	0.589	0.545	**0.581**

周数	模型 3					平均值	模型 4					平均值
	LR	***AB***	***GB***	***XGB***	***RF***		***LR***	***AB***	***GB***	***XGB***	***RF***	
1	0.595	0.514	0.545	0.568	0.536	0.551	0.581	0.531	0.538	0.635	0.532	0.563
4	0.622	0.577	0.570	0.541	0.511	0.564	0.635	0.591	0.550	0.473	0.506	0.551
8	0.676	0.731	0.676	0.595	0.576	0.650	0.676	0.7.1	0.662	0.595	0.553	0.643
13	0.635	0.770	0.629	0.649	0.579	0.652	0.649	0.764	0.608	0.622	0.576	0.644
26	0.614	0.641	0.527	0.595	0.558	0.567	0.486	0.643	0.574	0.568	0.558	0.566
平均值	0.608	0.647	0.589	0.589	0.552	**0.597**	0.605	0.652	0.586	0.578	0.545	**0.593**

分析 *DA* 的实验结果可以发现，模型 2 相比模型 1 在准确性方面并没有表现出优势，模型 1 的平均准确性为 0.582，而模型 2 的平均准确性为 0.581，这表明以交易量为分歧的替代变量并没有提高机器学习模型对指数未来盈亏预测的准确性；但模型 3 相比模型 1 在准确性方面有一定的提高，

模型 3 的平均准确性为 0.597，这表明本章提出的市场结构性分歧在一定程度上能够提高机器学习模型对指数未来盈亏预测的准确性；同时，注意到模型 4 相比模型 3 并没有表现出太大的优势，其中，模型 4 的平均准确性为 0.593，而模型 3 的平均准确性为 0.597，这表明在利用机器学习模型预测指数盈亏时，简单地将所有变量直接输入模型不一定能带来模型预测能力的提升，引起这种现象的原因可能为不同的因子都有其适用的周期，不能将适用于不同周期的因子简单进行混合，例如，从本章实验的结果可以看出，在未来 1 周的盈亏预测上，交易量相比市场结构性分歧更能提高模型的准确性，而在未来 8 周的盈亏预测上，市场结构性分歧相比交易量更能提高模型的准确性，简单地对两个不同适用周期的因子进行混合，在未来 1 周以及未来 8 周的预测上，相比单一模型，混合模型并没有表现出优势。

众所周知，金融市场仅用 50% 作为准确性判别基准失之偏颇，本章进一步计算了实验周期内上涨概率或下跌概率的最大值，并以此作为可预测性衡量的补充，实验周期内实际数据未来 1 周、未来 1 个月、未来 2 个月、未来 1 个季度、未来半年对应的最大上涨概率或下跌概率为 57.1%、57.1%、62.9%、60.0%、50.0%，而模型 3 对应的预测准确性分别为 55.1%、56.4%、65.0%、65.2%、56.7%，表明模型 3 在短期内预测的准确性低于市场最大的上涨概率或下跌概率，因此，沪深 300 指数股票市场指数盈亏在短期内不可预测，而在长期内表现出可预测特征，特别是中期的预测准确性达到了 65.0%。

总体来说，我们通过上述实验可以发现：①在使用机器学习模型预测指数收益中，模型的预测拟合误差与模型的预测盈亏准确性并未呈现出强相关关系，拟合误差的增加并非意味着准确性的提高；②相比将交易量作为分歧的替代变量，本章提出的市场结构性分歧提高了机器学习模型预测指数盈亏的准确性；③在使用机器学习模型预测指数盈亏时，简单地将“一篮子”因子作为机器学习模型的输入不一定能带来模型预测准确性的提高，可能的原因是不同的因子都有其适用的周期，将不同适用周期的因子进行混合影响了模型的预测准确性；④我国中证 100 指数股票市场表现出短期不可预测、长期可预测特征。

四、鲁棒性检验

通过上述实验可以发现，当聚类数量为 5 时，本章提出的市场结构性分歧对机器学习模型预测中证 100 指数股票市场指数收益的能力有一定程度的提高，但稳健性或鲁棒性检验是经济学中的重要问题，在上述实验过程中有部分问题值得思考：①当评估标准（上述实验使用的是 *RMSE* 和 *DA*）发生变化时，优势是否存在？②当求解市场结构性分歧时使用的聚类特征（上述实验使用的是个股日度交易量的对数增长率）发生变化时，优势是否存在？③当聚类数量发生变化时，这种优势是否仍然存在？④当聚类方法发生变化时，优势是否存在？⑤当使用的股票市场发生变化时，优势是否存在？

为此，本章分别对市场结构性分歧因子进行了鲁棒性检验，包括：①当使用机器学习模型中经典的 *F*1 评估指标时，市场结构性分歧对机器学习模型预测指数收益的影响；②当使用日度换手率的对数增长率对股票进行聚类分析时，市场结构性分歧对机器学习模型预测指数收益的影响；③当聚类数量分别取 3 和 7 时，市场结构性分歧对机器学习模型预测指数收益的影响；④当使用机器学习模型中经典的 Agglomerative 层次聚类算法时，市场结构性分歧对机器学习模型预测指数收益的影响；⑤在沪深 300 指数市场中，市场结构性分歧对机器学习模型预测指数收益的影响。在上述实验中同样观测到模型的预测误差和预测准确性之间没有必然的联系，且相比市场涨跌多少，投资者一般更关注投资的盈亏，为了本章的简洁性，鲁棒性检验不再对预测拟合误差进行分析，而是重点关注预测准确性的鲁棒性。

（一）当使用机器学习模型中经典的 $F1$ 评估指标时，市场结构性分歧对机器学习模型预测指数收益的影响

$F1$ 指标是机器学习模型中对分类结果评估最经典的指标，该指标综合了模型预测的精确率（P）和召回率（R）。精确率又称为“查准率”，是指正确预测为正的占全部预测为正的比例；召回率，又称为“查全率”，是指正确预测为正的占全部实际为正的比例。在一般的分类中，精确率的增加往往带来召回率的减少，在实践中往往需要对两个指标进行平衡，$F1$ 值则是一个综合考虑精确率和召回率的指标，其计算公式为：

$$F1=\frac{2PR}{P+R} \tag{4-3}$$

本章仍然以 SD（k=5）为例进行了相关实验，不同的机器学习模型在中证 100 指数股票市场 2016 年 12 月 26 日至 2018 年 7 月 1 日测试集中对指数方向预测的 $F1$ 值的实验结果见表 4-5。

表 4-5　市场结构性分歧视角下机器学习模型在测试集中的 *F*1 值

周数	模型 1					平均值	模型 2					平均值
	LR	***AB***	***GB***	***XGB***	***RF***		***LR***	***AB***	***GB***	***XGB***	***RF***	
1	0.590	0.495	0.508	0.568	0.538	0.540	0.603	0.509	0.593	0.582	0.530	0.563
4	0.634	0.580	0.537	0.571	0.498	0.564	0.634	0.576	0.517	0.518	0.502	0.549
8	0.548	0.733	0.621	0.614	0.553	0.614	0.519	0.721	0.612	0.663	0.570	0.617
13	0.547	0.751	0.652	0.640	0.577	0.633	0.534	0.744	0.677	0.638	0.580	0.635
26	0.369	0.604	0.599	0.607	0.568	0.549	0.412	0.595	0.523	0.554	0.552	0.527
平均值	0.538	0.633	0.584	0.600	0.547	**0.580**	0.540	0.629	0.585	0.591	0.547	**0.578**

续表

周数	模型 3					平均值	模型 4					平均值
	LR	*AB*	*GB*	*XGB*	*RF*		*LR*	*AB*	*GB*	*XGB*	*RF*	
1	0.583	0.504	0.536	0.563	0.536	0.544	0.567	0.518	0.526	0.627	0.531	0.554
4	0.590	0.560	0.568	0.538	0.507	0.553	0.607	0.576	0.544	0.471	0.504	0.540
8	0.648	0.719	0.678	0.600	0.575	0.644	0.648	0.724	0.663	0.601	0.553	0.638
13	0.631	0.754	0.634	0.653	0.582	0.651	0.646	0.748	0.614	0.627	0.579	0.643
26	0.509	0.598	0.527	0.594	0.554	0.556	0.482	0.601	0.574	0.564	0.555	0.555
平均值	0.592	0.627	0.588	0.589	0.551	**0.590**	0.590	0.633	0.584	0.578	0.544	**0.586**

从 *F*1 值的实验发现了与上文准确性实验一致的结果，相比将交易量作为分歧的替代变量，本章提出的市场结构性分歧提高了机器学习模型预测指数盈亏的 *F*1 值，且在使用机器学习模型预测指数盈亏时，不能简单地将“一篮子”因子作为机器学习模型的输入。

（二）当使用日度换手率的对数增长率对股票进行聚类分析时，市场结构性分歧对机器学习模型预测指数收益的影响

在上述实验中，本章使用了日度交易量的对数增长率对股票进行聚类分析，并基于聚类分析的结果进行了市场结构性分歧的计算，但对于投资者而言，交易量和换手率都是投资时特别关注的指标，因此本章使用日度换手率的对数增长率为聚类特征，分析了该特征下市场结构性分歧对机器学习模型预测指数收益的影响。

本章仍然以 *SD*（*k*=5）为例进行相关实验，不同的机器学习模型在中证 100 指数股票市场 2016 年 12 月 26 日至 2018 年 7 月 1 日测试集中对指数方向预测准确性的实验结果如表 4–6 所示。

表 4-6 市场结构性分歧视角下机器学习模型在测试集中的准确性（*DA*）

周数	模型 1						模型 2					
	LR	*AB*	*GB*	*XGB*	*RF*	平均值	*LR*	*AB*	*GB*	*XGB*	*RF*	平均值
1	0.595	0.498	0.509	0.568	0.538	0.541	0.608	0.510	0.601	0.581	0.529	0.566
4	0.635	0.590	0.550	0.568	0.497	0.568	0.635	0.590	0.518	0.514	0.501	0.552
8	0.541	0.737	0.617	0.608	0.550	0.611	0.514	0.723	0.608	0.662	0.567	0.615
13	0.541	0.764	0.649	0.635	0.573	0.632	0.527	0.759	0.673	0.635	0.576	0.634
26	0.378	0.643	0.601	0.608	0.571	0.560	0.419	0.641	0.523	0.554	0.554	0.538
平均值	0.538	0.646	0.585	0.597	0.546	**0.582**	0.541	0.644	0.585	0.589	0.545	**0.581**
周数	模型 3						模型 4					
	LR	*AB*	*GB*	*XGB*	*RF*	平均值	*LR*	*AB*	*GB*	*XGB*	*RF*	平均值
1	0.581	0.505	0.548	0.527	0.532	0.538	0.568	0.520	0.641	0.622	0.528	0.576
4	0.635	0.586	0.572	0.554	0.505	0.570	0.635	0.599	0.506	0.500	0.516	0.551
8	0.676	0.749	0.645	0.635	0.564	0.654	0.676	0.739	0.658	0.649	0.544	0.653
13	0.622	0.778	0.666	0.689	0.575	0.666	0.635	0.764	0.659	0.595	0.568	0.644
26	0.500	0.639	0.514	0.527	0.550	0.546	0.500	0.636	0.527	0.568	0.549	0.556
平均值	0.603	0.651	0.589	0.586	0.545	**0.595**	0.603	0.651	0.598	0.586	0.541	**0.596**

从以日度换手率的对数增长率为聚类特征的实验结果可以发现：与上文准确性的实验结果基本一致，相比将交易量作为分歧的替代变量，本章提出的市场结构性分歧提高了机器学习模型预测指数盈亏的准确性。不同的是，模型 4 的平均准确性为 0.596，而模型 3 的平均准确性为 0.595，表明将市场交易量和市场结构性分歧混合后，机器学习模型预测指数盈亏的准确性提高了，但提高的幅度较小。这表明，在计算市场结构性分歧时，使用的特征会对市场结构性分歧的度量产生一定的影响，但影响程度有限，因此不影响本章上述实验关于变量混合得出的结论。

（三）当聚类数量分别取 3 和 7 时，市场结构性分歧对机器学习模型预测指数收益的影响

在上述实验中，本章仅使用了 *SD*（*k*=5）进行相关实验，此部分将验证当聚类数量为 3 以及 7 时，市场结构性分歧对机器学习模型预测指数收益的影响。本章仍然以最初实验中的日度交易量的对数增长率为聚类特征进行相关实验，当聚类数量分别为 3 和 7 时，不同的机器学习模型在中证 100 指数股票市场 2016 年 12 月 26 日至 2018 年 7 月 1 日测试集中对指数方向预测准确性的实验结果见表 4–7。

表 4–7　市场结构性分歧视角下（*SD*=3、*SD*=5 和 *SD* = 7）机器学习模型在测试集中的准确性（*DA*）

聚类类别数量	周数	模型 1						模型 2					
		LR	*AB*	*GB*	*XGB*	*RF*	平均值	*LR*	*AB*	*GB*	*XGB*	*RF*	平均值
k=5	1	0.595	0.498	0.509	0.568	0.538	0.541	0.608	0.510	0.601	0.581	0.529	0.566
	4	0.635	0.590	0.550	0.568	0.497	0.568	0.635	0.590	0.518	0.514	0.501	0.552
	8	0.541	0.737	0.617	0.608	0.550	0.611	0.514	0.723	0.608	0.662	0.567	0.615
	13	0.541	0.764	0.649	0.635	0.573	0.632	0.527	0.759	0.673	0.635	0.576	0.634
	26	0.378	0.643	0.601	0.608	0.571	0.560	0.419	0.641	0.523	0.554	0.554	0.538
	平均值	0.538	0.646	0.585	0.597	0.546	**0.582**	0.541	0.644	0.585	0.589	0.545	**0.581**

聚类类别数量	周数	模型 3						模型 4					
		LR	*AB*	*GB*	*XGB*	*RF*	平均值	*LR*	*AB*	*GB*	*XGB*	*RF*	平均值
k=3	1	0.595	0.533	0.553	0.635	0.537	0.571	0.608	0.553	0.592	0.595	0.543	0.578
	4	0.676	0.575	0.595	0.500	0.543	0.578	0.662	0.573	0.568	0.473	0.518	0.559
	8	0.676	0.731	0.677	0.622	0.550	0.651	0.662	0.736	0.603	0.676	0.554	0.646
	13	0.662	0.767	0.635	0.662	0.588	0.663	0.649	0.777	0.673	0.622	0.571	0.658
	26	0.486	0.650	0.536	0.622	0.566	0.572	0.500	0.645	0.543	0.608	0.545	0.568
	平均值	0.619	0.651	0.599	0.608	0.557	**0.607**	0.616	0.657	0.596	0.595	0.546	**0.602**

续表

聚类类别数量	周数	模型 3						模型 4					
		LR	*AB*	*GB*	*XGB*	*RF*	平均值	*LR*	*AB*	*GB*	*XGB*	*RF*	平均值
k=7	1	0.595	0.541	0.519	0.581	0.543	0.556	0.595	0.553	0.579	0.608	0.539	0.575
	4	0.649	0.593	0.546	0.473	0.529	0.558	0.649	0.600	0.599	0.527	0.523	0.580
	8	0.635	0.736	0.705	0.716	0.574	0.673	0.649	0.733	0.664	0.689	0.580	0.663
	13	0.635	0.768	0.670	0.622	0.584	0.656	0.635	0.769	0.624	0.568	0.586	0.636
	26	0.459	0.645	0.505	0.554	0.571	0.547	0.473	0.645	0.513	0.486	0.555	0.534
	平均值	0.595	0.657	0.589	0.589	0.560	**0.598**	0.600	0.660	0.596	0.576	0.557	**0.598**

可以发现，聚类数量为 3 和 7 的鲁棒性实验结果与聚类数量为 5 的相似，即相比将交易量作为分歧的替代变量，本章提出的市场结构性分歧进一步提高了机器学习模型预测指数盈亏的准确性。同时，我们发现，聚类数量为 3 相比聚类数量为 7，机器学习模型有更好的表现，这可能是因为当聚类数量为 3 时，计算得到的市场结构性分歧指数有较大的方差，而随着聚类数量的增加计算得到的市场结构性分歧指数的方差越来越小，意味着包含的信息相对减少（见图 3-2 和表 4-2）。因此，在分析聚集现象时，聚类数量的多少会对机器学习模型预测指数盈亏准确性产生一定的影响，但不影响本章得出的结论。

（四）当使用机器学习模型中经典的 Agglomerative 层次聚类算法时，市场结构性分歧对机器学习模型预测指数收益的影响

本章在上述分析中使用了聚类分析中最经典的 K-Means 聚类算法进行股票间聚集现象分析，为了避免算法造成的影响，本节使用了 Agglomerative 层次聚类算法分析了实验过程中的聚类算法造成的影响。Agglomerative 层次聚类算法可以清楚直观地展现不同对象的层级聚类现

象，便于投资者认识股票聚集现象。

本章仍然以最初实验中的日度交易量的对数增长率为聚类特征进行相关实验，中证 100 指数股票市场 2015 年 7 月 13—19 日股票间的层级聚类树如图 4-1 所示。

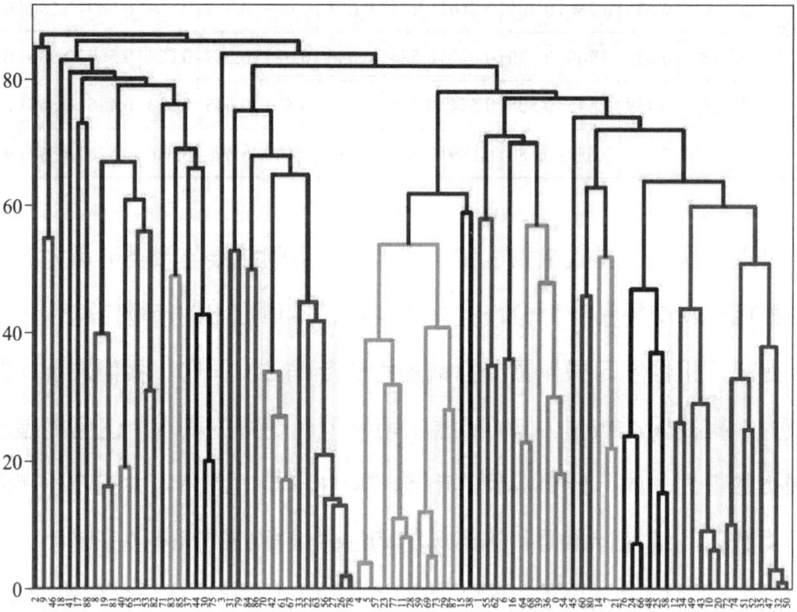

图 4-1　中证 100 指数股票市场股票间的层级聚类树

注：本图横轴为股票，纵轴为股票间的相似性水平。

本章仍然以聚类数量为 5 对中证 100 指数股票市场 2015 年 7 月 13—19 日股票间的聚集现象进行展示，详细的聚类结果如表 4-8 所示，可以发现与 K-Means 聚类算法得到的股票间聚集现象仅有 3 只股票存在差异，虽然聚类算法对结构性分歧的计算有一定影响，但影响不大。

表 4-8 中证 100 指数股票市场 2015 年 7 月 13—19 日股票间的聚集现象

聚类类别	股票
0	000651，002024，002352，002450，002594，600023，600115，600340，600518，600606，601018，601360，601633，601727，601899，601933，601985，601989，603993
1	000001，000002，000166，000333，000538，000568，000776，000858，000895，002142，002252，002304，002736，300059，600000，600009，600010，600011，600015，600016，600018，600019，600028，600030，600036，600048，600050，600104，600276，600309，600519，600585，600690，600837，600887，600958，600999，601006，601009，601088，601166，601169，601186，601211，601225，601238，601288，601318，601328，601336，601390，601398，601601，601618，601628，601668，601669，601688，601766，601800，601818，601857，601888，601988，601998，603288
2	000725，600703
3	000063
4	000069
SD（*k*=5）	19/89×（1−19/89）+66/89×（1−66/89）+2/89×（1−2/89）+1/89×（1−1/89）+1/89×（1−1/89）=0.404

进一步地，本章分析了基于层次聚类算法计算的市场结构性分歧对机器学习模型预测指数盈亏准确性的影响。当聚类数量为 5 时，不同的机器学习模型在中证 100 指数股票市场 2016 年 12 月 26 日至 2018 年 7 月 1 日测试集中对指数方向预测准确性的实验结果见表 4-9。

表 4-9 市场结构性分歧视角下机器学习模型在测试集中的准确性（*DA*）

周数	模型 1						模型 2					
	LR	*AB*	*GB*	*XGB*	*RF*	平均值	*LR*	*AB*	*GB*	*XGB*	*RF*	平均值
1	0.595	0.498	0.509	0.568	0.538	0.541	0.608	0.510	0.601	0.581	0.529	0.566
4	0.635	0.590	0.550	0.568	0.497	0.568	0.635	0.590	0.518	0.514	0.501	0.552
8	0.541	0.737	0.617	0.608	0.550	0.611	0.514	0.723	0.608	0.662	0.567	0.615

续表

周数	模型 1						模型 2					
	LR	*AB*	*GB*	*XGB*	*RF*	平均值	*LR*	*AB*	*GB*	*XGB*	*RF*	平均值
13	0.541	0.764	0.649	0.635	0.573	0.632	0.527	0.759	0.673	0.635	0.576	0.634
26	0.378	0.643	0.601	0.608	0.571	0.560	0.419	0.641	0.523	0.554	0.554	0.538
平均值	0.538	0.646	0.585	0.597	0.546	**0.582**	0.541	0.644	0.585	0.589	0.545	**0.581**
周数	模型 3						模型 4					
	LR	*AB*	*GB*	*XGB*	*RF*	平均值	*LR*	*AB*	*GB*	*XGB*	*RF*	平均值
1	0.595	0.520	0.515	0.649	0.528	0.561	0.595	0.525	0.559	0.595	0.527	0.560
4	0.649	0.619	0.601	0.541	0.520	0.586	0.622	0.618	0.527	0.568	0.500	0.567
8	0.689	0.744	0.614	0.689	0.576	0.662	0.703	0.746	0.607	0.649	0.579	0.657
13	0.689	0.778	0.643	0.662	0.600	0.674	0.689	0.774	0.608	0.662	0.587	0.664
26	0.486	0.649	0.625	0.527	0.569	0.571	0.500	0.652	0.608	0.527	0.555	0.568
平均值	0.622	0.662	0.600	0.613	0.558	**0.611**	0.622	0.663	0.582	0.600	0.550	**0.603**

通过实验我们发现，本书提出的市场结构性分歧依然比以交易量为分歧的替代变量表现出了较大的优势，同样两个分歧因子混合后，并未对机器学习模型预测指数盈亏的准确性带来进一步的提高。

（五）在沪深 300 指数市场中，结构性分歧对机器学习模型预测指数收益的影响

上述所有的实验都是基于中证 100 指数及成份股做的相应分析，本部分对我国沪深 300 指数及成份股的结构性分歧做进一步的探讨，依然以日度交易量的对数增长率为聚类特征，K-Means 的聚类数量依然设置为 5，详细的实验结果见表 4-10。

表 4-10　沪深 300 指数股票市场结构性分歧视角下机器学习模型在测试集中的准确性（*DA*）

周数	模型 1						模型 2					
	LR	*AB*	*GB*	*XGB*	*RF*	平均值	*LR*	*AB*	*GB*	*XGB*	*RF*	平均值
1	0.581	0.500	0.503	0.473	0.504	0.512	0.568	0.509	0.473	0.500	0.500	0.510
4	0.581	0.568	0.482	0.527	0.507	0.533	0.581	0.554	0.501	0.554	0.514	0.541
8	0.500	0.636	0.534	0.608	0.529	0.561	0.527	0.644	0.613	0.541	0.535	0.572
13	0.554	0.685	0.618	0.595	0.559	0.602	0.554	0.683	0.638	0.635	0.547	0.611
26	0.446	0.583	0.569	0.662	0.534	0.559	0.446	0.582	0.554	0.568	0.542	0.538
平均值	0.532	0.594	0.541	0.573	0.526	**0.553**	0.535	0.594	0.556	0.559	0.528	**0.554**
周数	模型 3						模型 4					
	LR	*AB*	*GB*	*XGB*	*RF*	平均值	*LR*	*AB*	*GB*	*XGB*	*RF*	平均值
1	0.581	0.499	0.519	0.554	0.532	0.537	0.595	0.513	0.523	0.500	0.526	0.531
4	0.595	0.608	0.550	0.554	0.504	0.562	0.581	0.621	0.568	0.514	0.499	0.556
8	0.500	0.663	0.554	0.581	0.535	0.566	0.500	0.674	0.532	0.595	0.528	0.566
13	0.595	0.685	0.651	0.581	0.573	0.617	0.595	0.682	0.676	0.635	0.583	0.634
26	0.473	0.586	0.541	0.568	0.540	0.541	0.473	0.580	0.554	0.568	0.538	0.543
平均值	0.549	0.608	0.563	0.568	0.537	**0.565**	0.549	0.614	0.570	0.562	0.535	**0.566**

从沪深 300 指数及成份股的实验结果可以发现：本章提出的市场结构性分歧因子相比以交易量为分歧替代变量依然表现出了较大的优势，但两种因子混合后模型（模型 4）的平均准确性为 0.566，相比只用结构性分歧因子对应的模型（模型 3）的预测能力略有提升，但提升幅度不大。此外，我们发现相比中证 100 指数，沪深 300 指数更难预测。

总体来说，从本章节的实验我们发现：①在机器学习模型预测指数收益中，模型的预测拟合误差与模型的预测盈亏准确性未呈现出强相关关系，拟合误差的增加并不意味着准确性的提高；②相比将交易量作为分歧的替代变量，本章提出的市场结构性分歧提高了机器学习模型预测指数盈亏的准确性；③在机器学习模型预测指数盈亏时，简单地将“一篮子”因子作为机器学习模型的输入不一定能提高模型预测的准确性，可能的原因是不同的因子有其适用的周期，将不同适用周期的因子进行混合影响了模型的预测准确性；④沪深 300 指数股票市场表现出短期不可预测、长期可预测的特征。

第四节 市场结构性分歧的影响因素分析

通过上述实验可以发现，本章提出的市场结构性分歧提高了机器学习模型预测指数收益的准确性，但对于真实的理性投资者和经济学者来说，其不仅要提高预测的准确性，还要关注这个因子的可解释性是受市场内部特征的影响还是受国际市场波动的影响等，本节从计量经济学角度出发对这种市场结构性分歧进行了分析。

本节仍然以我国股票市场指数 2007 年 1 月 15 日至 2018 年 7 月 1 日的数据为例进行相关研究。被解释变量为市场结构性分歧，采用的是基于 K-Means 聚类数量为 5 和聚类特征为日度交易量的对数增长率的市场结构性分歧因子［*SD*（*k*=5）］；解释变量包括汇率（*USD/CNY*#）、法国指数（*CAC*40#）、德国指数（*DAX*#）、标普指数（*SP*500#）、恒生指数（*HSI*#）、日经 225 指数（*N*225#）、市场资本净流入（*NCI*#）、顺势指标（*CCI*）、异同移动平均（*MACD*）、动量（*MOM*）、相对强弱指标（*RSI*）、简单移动平均（*SMA*#）、威廉指标（*WillR*）以及交易量（*Volume*#）和市场对数收益率（Log *Return*），共计 15 个。我们以带有截距项的单变量回归模型研究了不同变量对市场结构性分歧的显著性，其对应的 p 值见表 4-11。

表 4-11　单变量回归模型变量符号及 p 值

变量类型	场外变量		场内变量	
变量符号及 p 值	变量	p 值	变量	p 值
	USD/CNY#	0.19	*NCI*#	**0.00**
	CAC40#	0.28	*CCI*	0.64
	DAX#	0.19	*MACD*	0.76
	SP500#	0.11	*MOM*	0.78
	HSI#	**0.05**	*RSI*	0.94
	N225#	**0.02**	*SMA*#	0.71
			WillR	0.30
			Volume#	**0.01**
			Log *Return*	0.22

从单变量的回归结果中可以看出，我国中证 100 指数股票市场的结构性分歧主要受到来自中国香港市场、日本市场以及市场内部变量的影响，主要包括恒生指数、日经 225 指数、市场资本净流入、交易量。中国香港以及日本作为亚太地区重要的经济体，在一定程度上对我国股票市场的结构性分歧有显著的影响；市场资本净流入和交易量在一定程度上反映了投资者对市场的关注程度，在一定层面上也反映了市场的分歧。

进一步地，本章以带有截距项的多变量回归模型进行了分析，其中，被解释变量为中证 100 指数股票市场结构性分歧因子［*SD*（k=5）］，为了更科学地说明市场结构性分歧因子的影响因素，分别使用了聚类特征为日度成交量的对数增长率以及日度换手率的对数增长率两个结构性分歧变量；解释变量为单变量回归模型中影响显著的变量，包括：恒生指数（$HSI^{\#}$）、日经225（$N225^{\#}$）、市场资本净流入（$NCI^{\#}$）、交易量（$Volume^{\#}$）。考虑到解释变量间可能存在的共线性，本章采用逐步回归的方法进行分析（实验过程中，前向回归和后向回归的结果一致），详细的回归结果如表4-12所示。

表 4-12　中证 100 指数股票市场结构性分歧多变量线性回归结果

变量	SD（k=5）	
	日度交易量	日度换手率
$HSI^{\#}$	—	0.0619 （0.0730）
$N225^{\#}$	0.1023* （0.0545）	0.0765 （0.0723）
$V^{\#}$	0.0113*** （0.0044）	0.0093 ** （0.0043）
$NCI^{\#}$	−0.0001*** （0.0000）	−0.0001*** （0.0000）
c	0.7412*** （0.0017）	0.7412*** （0.0017）
调整后的 R^2	0.0359	0.0343

注：括号内为系数的标准差，*、**、*** 分别表示在 0.1、0.05、0.01 水平上显著。

从多变量回归结果表 4-12 中可以发现：①中证 100 指数股票市场结构性分歧受到恒生指数、日经 225 指数以及市场内部变量的影响，特别是市场的交易量以及资本净流入两个变量对市场结构性分歧的影响尤为显著；②当市场内部成交量的增长率增大时，市场结构性分歧显著变大；③当市场资本净流入增长率增大时，市场结构性分歧显著变小。此外，可以发现，回归结果中调整后的 R^2 只有 0.0359，表明本章提出的市场结构性分歧中的大量信息是股票市场的结构信息，不能简单地被成交量或其他变量替代。这些发现意味着，对投资者而言，不应该盲目地使用该指标，在使用该指标时，其需要关注市场本身成交量以及资本流入的变化；对监管部门而言，因为市场分歧因子提高了指数收益高低预测的准确性，特别是该因子来源于技术面，意味着我国股票市场目前仍然处于弱有效市场，为了使市场更有效，其应该关注市场本身成交量以及资本流入的变化，合理地控制市场结构性分歧。

本章小结

金融市场的预测是一项艰难的任务，在已有分歧因子对金融市场的可预测性研究中缺乏对市场结构的考虑，基于此本书引入了市场结构性分歧的概念，并基于机器学习模型中经典的 K-Means 聚类算法以及机器学习树分类模型中常用的基尼不纯度衡量市场的结构性分歧；考虑到国内金融领域使用机器学习模型的不成熟性，更严谨地对机器学习模型对金融市场的可预测性进行了分析；研究了市场结构性分歧视角下指数收益的可预测性，并分析了市场结构性分歧预测能力的鲁棒性。本章对指数预测问题进行了系统性的研究，发现：

（1）市场结构性分歧相比交易量作为分歧的替代变量更能进一步提高机器学习模型预测指数盈亏的准确性；

（2）市场结构性分歧主要受到市场内部资本净流入以及成交量的影响，会随着交易量增长率的增加以及资本净流入增长率的降低而增加。

此外，我们从本章可以得到很多有意义的启示：

（1）在机器学习模型预测指数收益中，模型的预测拟合误差与模型的预测盈亏准确性未呈现出强相关关系，拟合误差的增加并非意味着准确性的提高。

（2）不同的因子可能具有不同的预测周期，简单地对“一篮子”股票进行混合使用不一定能带来模型预测准确性的提高。

（3）相比中证 100 指数股票市场，沪深 300 指数股票市场盈亏的预测更难。

（4）从周期上看，中证 100 指数股票市场表现出短期不可预测、长期可预测特征，且中证 100 指数股票市场更适用于中期的预测，意味着投资时不能频繁调仓。

本章的这些发现有助于投资者系统性地理解股票指数预测问题，同时也有助于提高我国金融市场的有效性。

第五章

市场结构性分歧视角下的一种选股策略

第一节 引言

择时与择股是智能金融中证券投资的两大重要问题，本书在第三章和第四章分析了市场结构性分歧视角下的择时问题。研究发现，市场结构性分歧对市场的收益有显著的正向影响，且可以提高市场未来盈亏的预测准确性，这从侧面表明了股票市场中市场结构的重要性。接下来，本章将进一步探索市场结构性分歧视角下的择股问题。

股票选择是主动投资组合管理中最重要的部分，是指投资者基于投资目的和投资偏好并根据评估模型对所有股票打分来判断股票的好坏，进而选择相应的股票。股票选择为投资者带来了显著的超额收益，特别是随着因子模型技术的成熟，极大地增强了股票市场投资的有效性。

前人已研究了大量的股票选择模型。从目的来看，可以分为拟合指数择股和增强指数择股；从方法来看，可以分为基于横截面的因子择股模型和基于时间序列或机器学习的预测择股模型。其中，基于横截面的因子择股模型是传统金融领域最经典的模型，包括基于动量或反转因子的择股模型、基于价值或成长因子的择股模型、基于投资因子的择股模型、基于盈利因子的择股模型、基于风险因子的择股模型、基于交易摩擦因子的择股模型，以及基于其他异象因子的择股模型。

然而，市场结构是股票市场中不可忽略的因素，但在目前关于股票选择的研究中往往忽略了对市场结构的考量，因此本章提出了市场结构视角下的选股策略：基于市场结构性分歧因子的计算过程，本章首先通过聚类分析挖掘当前市场下的结构，其次基于此提出了市场结构性分歧视角下的一种选股策略（A Stock Selection Strategy from the Market Structure Disagreement Based on Cluster Analysis，CA-SS）。此外，通过经典的因子模型对策略收益的来源及有效性进行了分析，提高了选股策略研究的科学性和完整性。

第二节 方法模型

从本书的第三章和第四章可以看出股票市场结构性分歧对股票市场的择时有重要影响，而市场结构性分歧度量的核心是分析股票市场的结构，本章主要通过聚类分析挖掘当前市场的结构，提出了市场结构性分歧视角下的一种股票选择策略，其策略过程如图 5-1 所示。首先对股票进行聚类分析，包括特征构造、聚类分析等过程，以分析当前市场结构；其次在不同的聚类中选择股票；最后按照一定方法进行股票权重的配置，并按照一定的频率进行策略调整。这种策略的显著优势有两方面：一方面，选择的股票因为在不同的类中，所以具有多样性，可以降低股票市场的系统性风险；另一方面，在聚类分析中可以考虑股票的更多特征，如行业特征、技术特征等。

在 CA-SS 整个策略中最重要的是市场结构的挖掘和分析，关于股票的聚类分析，机器学习模型中有大量的聚类算法，本书第三章和第四章分别采用 K-Means 聚类算法以及 Agglomerative 层次聚类算法进行了相关研究，为了避免聚类算法中关于聚类数量以及随机种子的影响，本章采用

Affinity Propagation（AP）聚类算法，该算法由 Frey 和 Delbert（2007）发表在 *Science* 上，其原理如下。

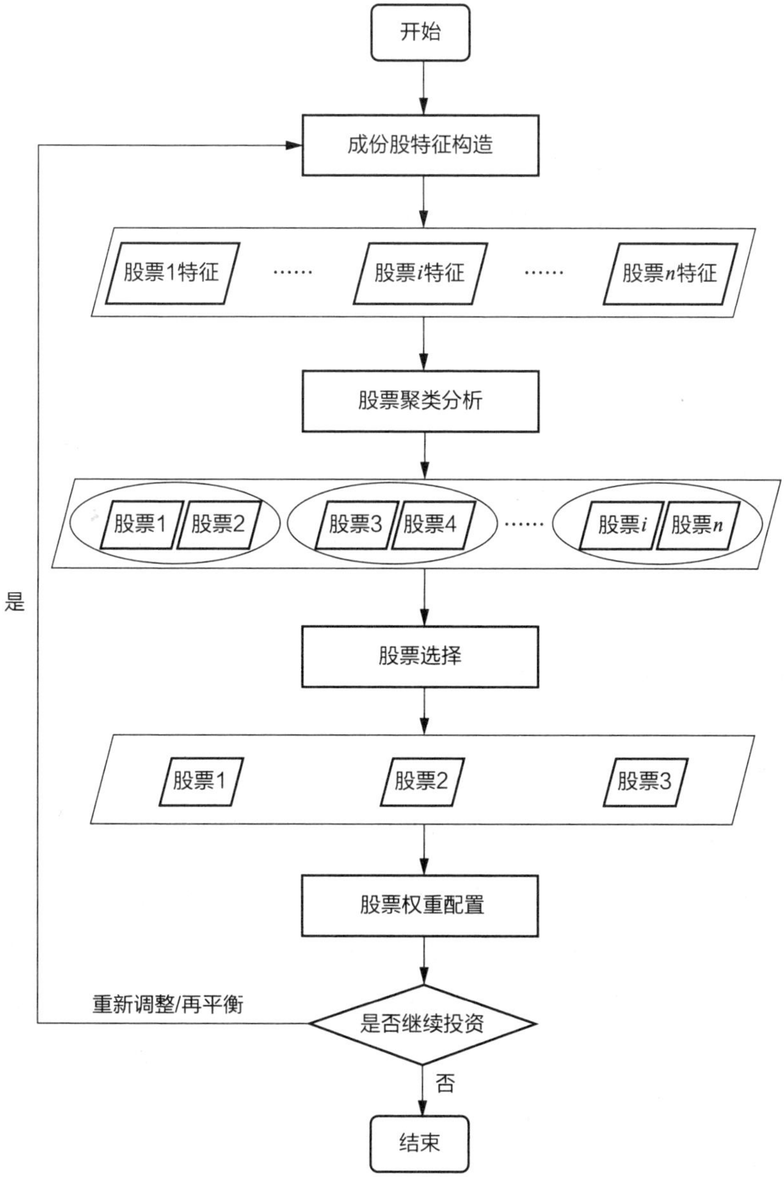

图 5-1　市场结构性分歧视角下的一种选股策略

设 $x_1, x_2, \cdots, x_n$ 组成数据点集合，AP 算法的计算过程如下。

（1）初始化归属信息矩阵（Availabilities）矩阵元素 $a(i,k)$，$a(i,k)=0$，并初始化吸引信息矩阵（Responsibilities）矩阵元素 $r(i,k)$，$r(i,k)=s(i,k)$。

（2）根据归属信息矩阵，以及式（5-1）更新吸引信息矩阵矩阵元素 $r(i,k)$。

$$r(i,k)=s(i,k)-\max_{k'\neq k}\{a(i,k'),s(i,k')\} \tag{5-1}$$

（3）根据吸引信息矩阵，以及公式（5-2）更新归属信息矩阵矩阵元素 $a(i,k)$。

$$a(i,k)=\min\left\{0,r(i,k)+\sum_{i'\notin i,k}\{0,r(i',k)\}\right\} \tag{5-2}$$

（4）重复步骤（2）和步骤（3）直到归属信息矩阵以及吸引信息矩阵不再变化或达到最大迭代次数。

其中，$r(i,k)$、$a(i,k)$ 分别表示从数据点对象 i 到数据点对象 k 的吸引信息能力以及从数据点对象 k 到数据点对象 i 的归属信息能力，而 $s(i,k)$ 表示数据点对象 i 和数据点对象 k 的相似性。

在基于 AP 聚类算法完成股票聚类后，即可基于股票类别构建相应的投资组合并对选择的股票进行相应的配置。针对股票选择，本章根据 Dary 等（2013）以及 Hu 等（2018）的相关研究，直接选取过去一段时间内 Sharpe 比率最大的股票；针对股票配置，本章根据 Plyakha 等（2014）以及 Hu 等（2018）的相关研究直接采用等权重配置方案。最后，对相应的策略进行定期调整，并设置调整的费用为 0.0004。通过一定周期的策略测试，可得到该策略的时间收益序列，因此可以直接采用平均收益率、Sharpe 比率、最大回撤等评估准则进行相应的评估。

此外，为了验证模型的有效性，以及体现结构的重要性，本章构造了一个基准模型，即非聚类的一种选股策略（A Stock Selection Strategy,

SS)，该模型不考虑市场结构，直接选择与 CA-SS 选股数量相同的股票，即选择 Sharpe 比率相对较优的一定数量的股票。

第三节　实证分析

一、数据说明

本章依然采用中证 100 指数成份股周度数据进行相应研究，数据的采集时间为 2019 年 2 月 28 日，所有成份股的数据来源于东方财富 Choice 数据库（http：//stock.eastmoney.com/），本章实验采用的时间段为 2014 年 1 月 3 日至 2018 年 8 月 24 日，该段时间中证 100 指数的走势如图 5-2 所示。

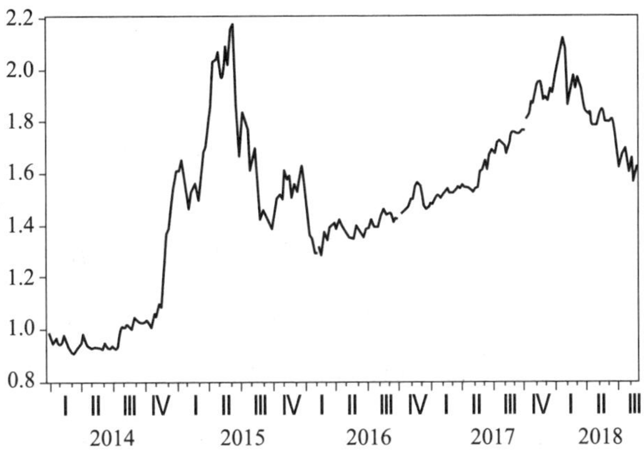

图 5-2　2014 年 1 月 3 日至 2018 年 8 月 24 日中证 100 指数走势

由图 5-2 可以看出，中证 100 指数在 2014—2018 年经历了多个不同的行情，包括 2014 年的震荡行情、2015 年急速上升和下跌行情、2016 年和 2017 年的缓慢上升行情、2018 年的缓慢下跌行情，这些不同状态的行情数据为验证本章提出的选股策略提供了很好的验证时间区段。

为了对成份股数据进行聚类分析，本章构造了成份股的特征数据。首先，本章从东方财富数据库中获取了中证 100 指数成份股的开盘—最高—最低—收盘（Open–High–Low–Close，OHLC）价格数据。图 5–3 展示了中证 100 成份股 000001.SZ 股票的 OHLC 价格数据，从中可以看出个股的走势与指数的走势存在一定的差异，正是这种差异为择股提供了可能。

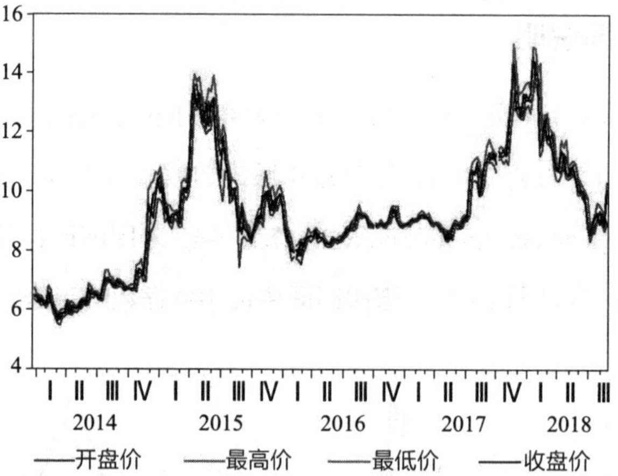

图 5–3　000001.SZ 股票 OHLC 走势

本章依然采用第三、第四章出现的常用技术指标构建股票的特征，包括：顺势指标（*CCI*）、动量（*MOM*）、异同移动平均（*MACD*）、相对强弱指标（*RSI*）、简单移动平均（*SMA*）、*StochK*、*StochD*、威廉指标（*WillR*），所有指标的参数设置如表 5–1 所示，并采用 Ta–lib 工具包（http：//ta–lib.org/）进行计算。例如，中证 100 指数成份股 000001.SZ 股票周度技术指标值如图 5–4 所示。

表 5-1　技术指标的参数配置

技术指标	参数			
	时间周期	快周期	慢周期	信号周期
CCI	5	—	—	—
MOM	5	—	—	—
MACD	—	3	5	10
RSI	5	—	—	—
WillR	5	—	—	—
SMA	5	—	—	—
StochK	—	—	—	—
StochD	—	—	—	—

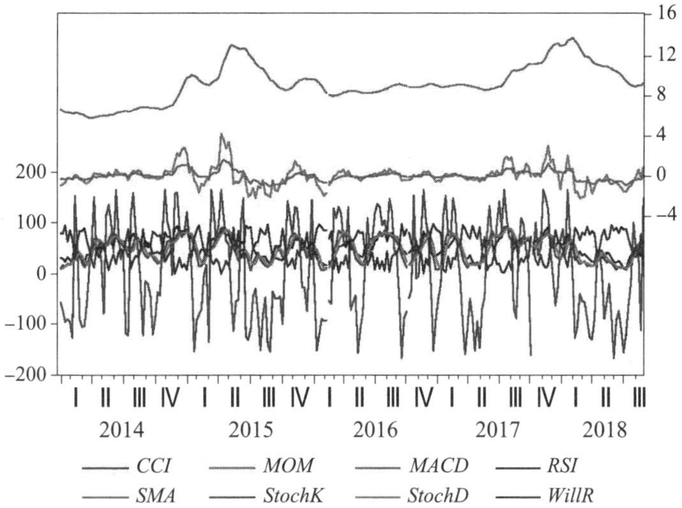

图 5-4　中证 100 指数成份股 000001.SZ 股票周度技术指标

从中证 100 指数成份股 000001.SZ 股票周度技术指标趋势中可以发现，很多技术指标在价格上涨或下跌过程中出现了异常，如动量指标、顺势指标等。然而，可以看出技术指标的大小很难说明股票当前的状态，因此为了直观感受技术指标的作用，本章根据 Patel 等（2015）的相关工作将技术指标转换为技术判别指标（Trend-deterministic Data），转换规则如表 5-2 所示。

表 5-2　技术判别指标的转换规则

技术指标	规则	
	1	0
CCI	>200 *or* > *CCI*（−1）	<−200 *or* < *CCI*（−1）
MOM	>0	<0
MACD	> *MACD*（−1）	< *MACD*（−1）
RSI	<30 *or* > *RSI*（−1）	>70 *or* < *RSI*（−1）
WillR	> *WillR*（−1）	< *WillR*（−1）
SMA	> *Close*	<*Close*
StochK	>*StochK*（−1）	<*StochK*（−1）
StochD	>*StochD*（−1）	<*StochD*（−1）

注：*CCI*（−1）表示历史最近一期的 *CCI* 值，其他表达类似。

技术指标转换为技术判别数据是根据技术指标的含义和特征进行的。例如，当相对强弱指标小于 30 时，意味着超卖发，此时技术指标——相对强弱指标状态为 1，表明未来价格有上涨的可能。当相对强弱指标在 50 附近时，很难直接根据该值进行股票状态的判定，此时可以利用最近的相对强弱判断当前相对强弱的状态，如果当前相对强弱指标大于最近的相对强弱指标，则表明市场相对活跃，未来也存在上涨的可能；如果当前相对强弱指标小于最近的相对强弱指标，则表明市场相对活跃程度下降，未来存在下跌的可能。其他技术指标的转换过程类似，转换后的技术判别数据如图 5-5 所示。

（a）*CCI*　（b）*MOM*

（c）*RSI*　（d）*MACD*

（e）*SMA*　（f）*StochK*

（g）*StochD*　（h）*WillR*

图 5-5　中证 100 指数成份股 000001.SZ 股票周度技术判别指标

从技术判别指标中可以看出，动量指标、简单移动平均指标、*StochD*指标变化频率相对较慢，其他指标变化频率相对较快，且经过转换后的数据对状态定性刻画更客观，更容易理解。基于此，本章构建了成份股的聚类特征，因为数据频率为周，因此选用过去8周（2个月）的技术判别数据作为成份股的聚类特征，中证100指数成份股000001.SZ在2014年9月12日至10月31日的聚类特征见表5-3。

表5-3　2014年9月12日至10月31日中证100指数成份股000001.SZ聚类特征

时间	*CCI*	*MOM*	*MACD*	*RSI*	*WillR*	*SMA*	*StochK*	*StochD*
2014年9月12日	0	0	0	0	0	0	0	1
2014年9月19日	0	0	0	1	0	0	1	0
2014年9月26日	0	0	0	0	0	0	0	1
2014年9月30日	1	0	0	1	0	0	0	0
2014年10月10日	1	0	0	1	0	0	0	0
2014年10月17日	0	0	0	0	0	0	1	1
2014年10月24日	1	1	0	1	0	1	1	0
2014年10月31日	1	1	1	0	1	1	1	0

至此，关于市场结构性分歧视角下的一种股票选择策略涉及的数据准备工作已全部完成。下面本章将对中证100指数成份股数据进行分析，并构建投资组合。

二、模型评估

本章分别采用平均收益、Sharpe比率、累计收益、最大回撤对投资组合进行评估。

平均收益AR，即周度收益的平均值，计算公式为：

$$AR = \frac{1}{t_c - t_0}\sum_{t=t_0}^{t_c} R_t \tag{5-3}$$

其中，t_0、t_c分别表示策略测试的起始时间与终止时间，$t_c - t_0$表示策略的生命周期，R_t表示第t期的策略收益。

Sharpe 比率SR，即风险调整后的平均收益，其在衡量收益的同时考虑了风险，计算公式为：

$$SR = \frac{E(R) - \hat{r}}{\sigma(R)} \tag{5-4}$$

其中，$R = \left[R_{t_0}, R_{t_{0+1}}, \cdots, R_{t_{c-1}}, R_{t_c}\right]$为周度收益序列对应的向量，$E(R)$和$\sigma(R)$分别对应周度收益序列$R$的期望和标准差，$\hat{r}$代表无风险收益，本章设置为零。

累计收益CR，即策略生命周期的最终收益，代表资金投入的最终回报，计算公式为：

$$CR = \prod_{t=t_0}^{t_c}(1 + R_t) \tag{5-5}$$

其中，t_0、t_c分别表示策略测试的起始时间与终止时间，R_t表示第t期的策略收益。

最大回撤MD，即策略生命周期中最大的损失，衡量的是资金的损失，计算公式为：

$$MD = \max_{i,j} \frac{CR_i - CR_j}{CR_i} \tag{5-6}$$

其中，CR_i表示第i期的累计收益，CR_j表示第i期后第j期的累计收益，i和j之间的关系满足$t_0 < i < j < t_c$。

三、实验结果

本章基于实验数据说明中的特征构造，对当期的成份股进行聚类分析，其中 2014 年 11 月 7 日中证 100 指数成份股对应的聚类结果见表 5-4。

表 5-4　2014 年 11 月 7 日中证 100 指数成份股对应的聚类结果

聚类类别	股票
0	000776，002252，002450，600999，601360，601688
1	000568，000858，002304，002415，600019，600030，603288
2	000069，600015，600016，600048，600309，600340，601633
3	600023，600703，600900，601933
4	600000，600010，600276，601186，601998
5	300059，600009，600115，600795，601018，601169，601390，601668
6	600011，600028，600104，600519，600690，600893，601006，601988
7	000001，000895，600887，601166，601336
8	000333，000651，002594，600036，600585，601318，601601
9	000063，000538，000725，002027，002352，600518，600606，601009，601111，601225，601618，601669，601727，601899，601989
10	002024，002142，600050，600837，601088，601238，601288，601328，601398，601628，601800，601818，601857

从聚类结果可以看出，股票市场形态多样且千变万化。基于聚类结果，本章进行了股票选择，即在每个类别中选择过去 8 周（2 个月）Sharpe 比率最大的股票，详细的股票选择结果见表 5-5。从结果中可以看出，本章提出的市场结构性分歧视角下的一种股票选择策略（CA-SS）的收益在当期并未明显优于基准的股票选择策略（SS），但放此处主要是为了详细说明本章的问题，更应该关注策略整个生命周期的表现。

表 5-5　基于 AP 聚类的中证 100 指数成份股 2014 年 11 月 7 日的股票选择结果

策略	选择的股票	收益率
CA-SS	601800.SH，600036.SH，601009.SH，002415.SZ，601998.SH，600900.SH，601336.SH，601988.SH，601390.SH，002450.SZ，600015.SH	0.0213
SS	601800.SH，601225.SH，601111.SH，601186.SH，601688.SH，600900.SH，002450.SZ，601009.SH，601618.SH，601390.SH，601018.SH	0.0366

基于股票选择策略原理，本章进一步对测试周期（策略的生命周期，2014 年 1 月 3 日至 2018 年 8 月 24 日）进行了分析，本章提出的市场结构性分歧视角下的一种选股策略（CA-SS）、非聚类的基准股票选择策略（SS）、指数本身的累计收益如图 5-6 所示。

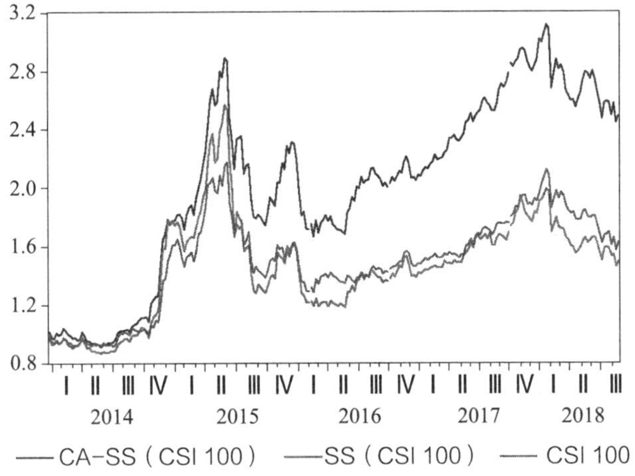

图 5-6　2014 年 1 月 3 日至 2018 年 8 月 24 日中证 100 指数成份股市场中不同股票选择策略的累计收益

从图 5-6 中可以清晰看出，本章提出的股票选择策略表现出了较大的优势，其最后的累计收益达到了 1.5 左右，而同期指数的收益仅有 0.6 左右，特别是不考虑结构的股票选择策略的收益甚至劣于指数，这表明本章提出的市场结构性分歧视角下的一种选股策略（CA-SS）具有较好的表现，同时表明股票市场的结构在金融投资中是一个不可忽略的因素。

进一步地，本章进行了更严谨的评估分析，分别采用平均收益、Sharpe 比率、累计收益、最大回撤对 3 种不同的实验结果进行评估分析，详细的实验结果见表 5-6。

表 5-6　2014 年 1 月 3 日至 2018 年 8 月 24 日不同股票选择策略的表现

策略	*AR*	*SR*	*CR*	*MD*
CA-SS（CSI 100）	0.0045	0.1219	1.4883	0.4231
SS（CSI 100）	0.0025	0.0617	0.4953	0.5385
CSI 100	0.0026	0.0779	0.6265	0.4084

从表 5-6 可以看出，本章提出的市场结构性分歧视角下的一种选股策略（CA-SS）的平均收益、Sharpe 比率以及累计收益都远远优于指数以及非聚类的股票选择策略，市场结构性分歧视角下的股票选择策略的平均收益达到了 0.0045，而非聚类的股票选择策略以及指数的平均收益仅有 0.0025 左右；虽然市场结构性分歧视角下的股票选择策略的最大回撤达到了 42%，与指数的最大回撤 40% 不相上下，但是市场结构性分歧视角下的股票选择策略的累计收益达到了 1.4883，而指数的累计收益仅有 0.6265。

总之，虽然本章提出的市场结构性分歧视角下的股票选择策略的最大回撤不是最优的（与指数的最大回撤不相上下），但其在平均收益、Sharpe 比率、累计收益方面都有较大的优势，证明了本章提出的市场结构性分歧视角下的股票选择策略的有效性。

四、鲁棒性检验

为了分析提出策略的有效性，本章进一步探索了上证 180 指数成份股、沪深 300 指数成份股市场中该策略的表现，所有数据的来源与本章中证 100 指数成份股数据一致，所需特征的处理以及策略的配置与中证 100 指数成份股实验一致。

在上证 180 指数成份股市场中，市场结构性分歧视角下的一种选股策略（CA-SS）、非聚类的基准股票选择策略（SS）、指数本身的累计收益如图 5-7 所示。

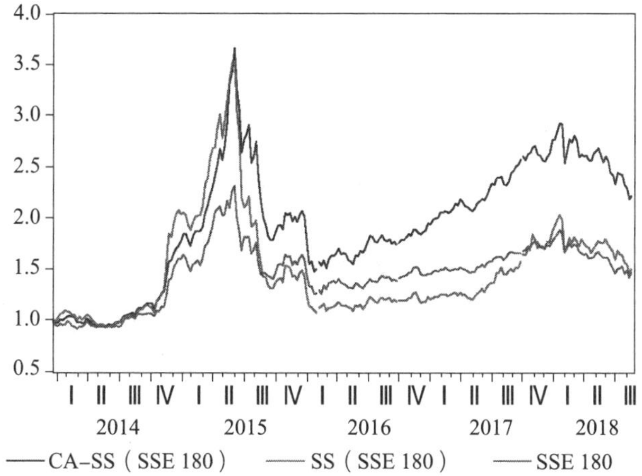

图 5-7　上证 180 指数成份股市场中不同股票选择策略的累计收益

通过上证 180 指数成份股市场中不同策略的累计收益图形，可以直观感受到市场结构性分歧视角下的股票选择策略的优势，其累计收益达到 1.2 左右，而指数的累计收益仅有 0.5 左右。同样，本章分别用平均收益、Sharpe 比率、累计收益以及最大回撤对不同策略进行更严格的评估分析，上证 180 指数成份股市场中不同策略的评估结果见表 5-7。

表 5-7 2014 年 1 月 3 日至 2018 年 8 月 24 日不同股票选择策略的表现

策略	*AR*	*SR*	*CR*	*MD*
CA-SS（SSE 180）	0.0041	0.1077	1.2287	0.5967
SS（SSE 180）	0.0027	0.0608	0.5046	0.6971
SSE 180	0.0021	0.0659	0.4725	0.4559

从表 5-7 中关于上证 180 的实证结果可以发现：①市场结构性分歧视角下的股票选择策略在平均收益、Sharpe 比率、累计收益方面都有较好的表现，其对应的值分别达到了 0.0041、0.1077、1.2287，远优于非聚类的基准股票选择策略以及指数的表现；②市场结构性分歧视角下的股票选择策略对应的最大回撤劣于指数，但优于非聚类的基准股票选择策略，这在一定程度上表明，风险越大收益越高。总之，在上证 180 指数成份股市场上，本章提出的市场结构性分歧视角下的股票选择策略的表现依然优于非聚类的基准股票选择策略以及上证 180 指数成份股。

同时，本章在沪深 300 指数成份股市场也进行了相关实验，在沪深 300 指数成份股市场中，市场结构性分歧视角下的一种选股策略（CA-SS）、非聚类的基准股票选择策略（SS）、指数本身的累计收益如图 5-8 所示。

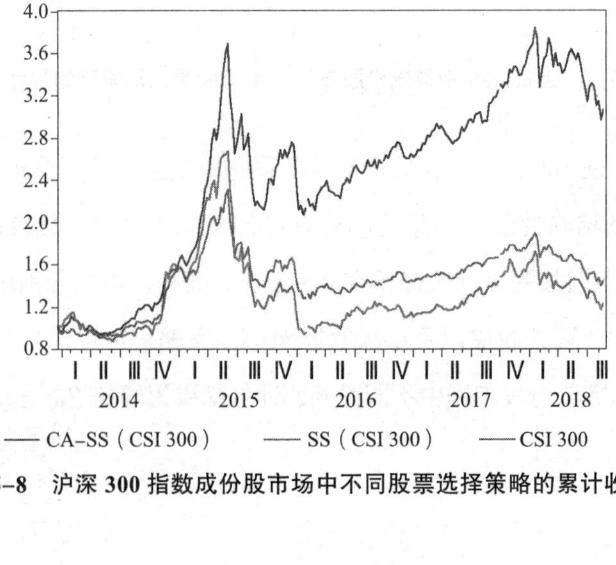

图 5-8 沪深 300 指数成份股市场中不同股票选择策略的累计收益

通过沪深 300 指数成份股市场中不同策略的累计收益图形，同样可以发现市场结构性分歧视角下的股票选择策略的优势，其累计收益达到 2.0 左右，而指数的累计收益仅有 0.4 左右。同样，本章分别用平均收益、Sharpe 比率、累计收益以及最大回撤对不同的策略进行更严格的评估分析，沪深 300 指数成份股市场中不同策略的评估结果如表 5-8 所示。

表 5-8　2014 年 1 月 3 日至 2018 年 8 月 24 日不同股票选择策略的表现

策略	*AR*	*SR*	*CR*	*MD*
CA-SS（CSI 300）	0.0054	0.1454	2.0613	0.4392
SS（CSI 300）	0.0019	0.0419	0.2270	0.6473
CSI 300	0.0020	0.0634	0.4378	0.4478

从表 5-8 中，本章同样发现市场结构性分歧视角下的股票选择策略在平均收益、Sharpe 比率、累计收益、最大回撤方面都有较好的表现，其对应的值分别达到了 0.0054、0.1454、2.0613、0.4392，远优于非聚类的基准股票选择策略以及指数的表现。

总之，在中国股票市场上，本章提出的市场结构性分歧视角下的股票选择策略的表现依然优于非聚类的基准股票选择策略以及相应的指数，实践证明了本章提出策略的有效性及鲁棒性，从侧面进一步反映了股票市场结构的重要性。

第四节　选股策略收益的可解释性分析

投资组合收益的可解释性是投资组合理论的重要组成部分，前人已经发现了大量因子模型，最经典的属于资本资产定价模型、Fama 三因子模型、Carhart 四因子模型、Fama 五因子模型，这些因子模型对个股或组合收益有很好的解释能力，深受行业内欢迎。本章依然以中证 100 指数成份股市场为例，分别采用以上 4 种因子模型对市场结构性分歧视角下股票选择策略的收益进行解释。

一、因子模型

资本资产定价模型（CAPM），主要包括市场因子（MKT），其模型为：

$$R_t = \alpha + \beta_{MKT} MKT_t + \sigma_t \qquad (5-7)$$

其中，R_t表示组合在t期的收益，α表示截距，β为系数或因子载荷，MKT为市场因子，σ_t为残差项。

Fama 三因子模型，主要包括市场因子（MKT）、市值因子（SMB）、账面市值比因子（HML），其模型为：

$$R_t = \alpha + \beta_{MKT} MKT_t + \beta_{SMB} SMB_t + \beta_{HML} HML_t + \sigma_t \qquad (5-8)$$

其中，R_t表示组合在t期的收益，α表示截距，β为系数或因子载荷，MKT为市场因子，SMB为市值因子，HML为账面市值比因子，σ_t为残差项。

Carhart 四因子模型，主要包括市场因子（MKT）、市值因子（SMB）、账面市值比因子（HML）、动量因子（WML），其模型为：

$$R_t = \alpha + \beta_{MKT} MKT_t + \beta_{SMB} SMB_t + \beta_{HML} HML_t + \beta_{WML} WML_t + \sigma_t \qquad (5-9)$$

其中，R_t表示组合在t期的收益，α表示截距，β为系数或因子载荷，MKT为市场因子，SMB为市值因子，HML为账面市值比因子，WML为动量因子，σ_t为残差项。

Fama 五因子模型，主要包括市场因子（MKT）、市值因子（SMB）、账面市值比因子（HML）、盈利因子（RMW）、投资因子（CMA），其模型为：

$$R_t = \alpha + \beta_{MKT} MKT_t + \beta_{SMB} SMB_t + \beta_{HML} HML_t + \beta_{RMW} RMW_t + \beta_{CMA} CMA_t + \sigma_t \tag{5-10}$$

其中，R_t表示组合在t期的收益，α表示截距，β为系数或因子载荷，MKT为市场因子，SMB为市值因子，HML为账面市值比因子，RMW为盈利因子，CMA为投资因子，σ_t为残差项。

二、因子计算

市场因子的计算直接使用市场收益率替代，关于市值因子以及账面市值比因子，本章采用经典的 2 × 3 原则。首先，将成份股按照流通市值进行排序，按照 50% 分位数将成份股分为大市值（Big）组和小市值（Small）组；其次，将成份股按照账面市值比进行排序，按照 70% 以及 30% 分位数将成份股分为高账面市值比（High）组、中性账面市值比（Nerual）组、低账面市值比（Low）组；最后，将流通市值组和账面市值比组进行交叉，生成6种组合（分别为SH、SN、SL、BH、BN、BL），则不同因子的计算为：

$$\begin{aligned} SMB &= \frac{R_{SH} + R_{SN} + R_{SL}}{3} - \frac{R_{BH} + R_{BN} + R_{BL}}{3} \\ HML &= \frac{R_{SH} + R_{BH}}{2} - \frac{R_{SL} + R_{BL}}{2} \end{aligned} \tag{5-11}$$

其中，R_{SH}表示小市值以及高账面市值比的成份股组合，其他表示类似。

动量因子（WML）、盈利因子（RMW）、投资因子（CMA）的计算方式，与账面市值比因子类似，这四类因子都与市值因子进行交叉并计算，其计算方式为：

$$\begin{aligned} WML &= \frac{R_{SW} + R_{BW}}{2} - \frac{R_{SL} + R_{BL}}{2} \\ RMW &= \frac{R_{SR} + R_{BR}}{2} - \frac{R_{SW} + R_{BW}}{2} \\ CMA &= \frac{R_{SC} + R_{BC}}{2} - \frac{R_{SA} + R_{BA}}{2} \end{aligned} \tag{5-12}$$

其中，R_{SW} 表示小市值以及高动量的成份股组合，其他表示类似。

三、因子分析

所有因子的基本统计性描述见表 5-9。可以看出，我国中证 100 指数成份股市场只有市场因子以及账面市值比因子的周度平均收益显著为正，其周度平均收益在 0.002 附近，而其他因子虽然显著不为零，但非常接近于零。同时，发现所有因子中市场因子的周度平均收益最高，这表明在横截面水平上，我国中证 100 指数成份股市场相对比较成熟，上市公司可以通过提高账面市盈率水平提高投资者的股票收益。此外，所有因子间的相关系数不大，最大的相关系数属于盈利因子和投资因子，其相关系数的绝对值仅为 0.33，可用于后续的因子分析。

表 5-9　因子周度统计性描述

变量	*MKT*	*SMB*	*HML*	*WML*	*RMW*	*CMA*
Panel A：基本统计						
Mean	0.0026	−0.0006	0.0020	−0.0009	0.0003	−0.0004
Std	0.0331	0.0198	0.0234	0.0235	0.0228	0.0151
Min	−0.1292	−0.0923	−0.0705	−0.0950	−0.1109	−0.0577
Max	0.1368	0.0894	0.0770	0.0900	0.1382	0.0497
Skewness	−0.0969	−0.2124	0.3094	−0.1478	0.0128	0.1052
Kurtosis	6.0754	0.9039	4.3038	5.9953	11.0267	4.7843
Panel B：相关性						
SMB	−0.2088*** （−3.2900）	—	—	—	—	—
HML	−0.0490 （−0.76）	−0.0428 （−0.66）	—	—	—	—

续表

变量	*MKT*	*SMB*	*HML*	*WML*	*RMW*	*CMA*
WML	0.0817 （1.2700）	−0.1657** （−2.5900）	−0.0678 （−1.0500）	—	—	—
RMW	−0.1654** （−2.59）	−0.2740*** （−4.39）	0.0316 （0.49）	0.0074 （0.11）	—	—
CMA	−0.1133* （−1.76）	0.1394** （2.17）	0.3250*** （5.30）	−0.0940 （−1.46）	−0.3348*** （−5.48）	—

注：括号内为系数的标准差，*、**、*** 分别表示在 0.1、0.05、0.01 水平上显著。

进一步地，本章基于 4 种因子模型对市场结构性分歧视角下的股票选择策略进行分析，以期寻找影响股票选择模型的横截面因素。

不同因子模型对市场结构性分歧视角下股票选择策略收益的回归结果见表 5–10。从回归系数的估计结果中可以看出，市场结构性分歧视角下的股票选择策略最适合使用 Carhart 四因子模型进行解释，其对应的 R^2 为 0.8147，而其他模型对应的 R^2 都小于 Carhart 四因子模型。此外，市场因子、市值因子、账面市值比因子、动量因子对市场结构性分歧视角下的股票选择具有显著的影响，而盈利因子以及投资因子对策略收益的影响不显著。进一步地，从方向上来看，市场因子、市值因子、动量因子、投资因子都表现出积极的影响，而账面市值比因子以及盈利因子表现出消极的影响。

表 5–10　不同因子模型对市场结构性分歧视角下股票选择策略收益的回归结果

变量	CAPM	Fama3	Carhart4	Fama5	All
α	0.0019* （0.0011）	0.0022** （0.0010）	0.0023** （0.0010）	0.0023** （0.0010）	0.0024** （0.0010）
β_{MKT}	0.9813*** （0.0338）	1.0165*** （0.0323）	1.1013*** （0.0320）	1.0058*** （0.0335）	1.0038*** （0.0332）
β_{SMB}		0.3064*** （0.0539）	0.3262*** （0.0540）	0.2733*** （0.0567）	0.2941*** （0.0568）

续表

变量	CAPM	Fama3	Carhart4	Fama5	All
β_{HML}		−0.0883** (0.0447)	−0.0806* (0.0444)	−0.0977** (0.0476)	−0.0926* (0.0472)
β_{WML}			0.1048** (0.0448)		0.1046** (0.0447)
β_{RMW}				−0.0076 (0.0522)	−0.0698 (0.0518)
β_{CMA}				0.0468 (0.0792)	0.0582 (0.0786)
R^2	0.7802	0.8104	0.8147	0.8132	0.8175

注：括号内为系数的标准差，*、**、*** 分别表示在 0.1、0.05、0.01 水平上显著。

在表 5-10 的估计结果中，α的显著性水平值得关注。有意思的是，针对所有的因子模型，市场结构性分歧视角下股票选择策略的收益在α上都存在显著性。这表明，本章提出的市场结构性分歧视角下的股票选择策略中存在不能被所有因子模型解释的部分，这也反映了在构建投资组合时市场结构的重要性。

总体来说，从因子中可以看到，本章提出的市场结构性分歧视角下的股票选择策略受到市场本身、股票市值、股票账面市值之比、股票动量因素的影响，同时也受到未被因子模型解释的市场结构影响。

本章小结

从第三章和第四章的相关研究中可以发现，指数成份股结构对指数的收益和盈亏预测有重要的影响，考虑到当前关于股票选择的研究缺乏市场结构的思考，本章提出了市场结构性分歧视角下的一种股票选择策略，该策略通过聚类分析挖掘市场结构，通过选择不同类别中的股票增加了股票选择的多样性，可以降低策略的系统性风险，实验发现：

（1）中证 100 指数成份股市场中该策略的累计收益达到 1.5 左右，显著优于同期的中证 100 指数；

（2）上证 180 指数成份股以及沪深 300 成份股市场中该策略具有同样的有效性；

（3）市场结构性分歧视角下的一种选股策略的收益可以被市场因子、市值因子、账面市值比因子、动量因子进行解释，但因子解释后仍存在显著的 α 收益，进一步表明了策略的有效性。

本章的研究对实践投资以及公司高管具有一定的参考价值：

（1）本章提出了一种切实有效的股票选择策略；

（2）对上市公司高管而言，可通过一定的公司管理，提高公司的账面市值比，提高投资者的投资回报，以获得更多投资者的青睐；

（3）对实践投资者而言，在进行股票选择以及组合构建时，需要同步考虑市场结构，降低组合系统风险，提高组合收益。

第六章

不同市场行情下维数约减对选股策略的影响

第一节 引言

本书在第五章提出了市场结构性分歧视角下的一种选股策略，多个市场实证发现，本书提出的策略具有较好的表现。但在前文实验中可以发现，在挖掘市场结构时，本章采用了机器学习模型中的聚类算法，且进行聚类分析时特征维数多达 64，随着现代技术的发展，股票维数可多达百级别以上，维数灾难是众多机器学习算法不可避免的问题；众所周知，维数约减又称降维，是通过特征选择、特征变换等方法，将原空间的维数降低的过程，是聚类分析中不可或缺的步骤，因此维数约减对本书提出的市场结构性分歧视角下的股票选择策略有何影响是一个重要的问题。

前人已对维数约减给金融市场造成的影响做了大量研究。Zhong 和 Enke（2017）研究了不同维数约减方法（主成分分析法、核主成分分析法等）对股票市场涨跌预测的影响，发现维数约减能有效提高股票市场涨跌预测的准确性；Fulga 等（2009）在股票选择前使用主成分分析法进行了维数约减，发现维数约减能够进一步优化投资组合的效果；等等。

然而，传统的维数约减方法一般有严格的假设，例如，数据具有线性关系或局部流形关系，这些方法包括最经典的主成分分析法（Principal Component Analysis，PCA）、局部线性嵌入法（Linear Local Embedding，LLE）、Sammon 映射法（Sammon Mapping）等方法（Jolliffe and Cadima，2016；Roweis and Saul，2000；Sammon，1969）。

近些年发展起来的深度学习技术为维数约减打开了一扇窗，例如，Cai等（2012）采用受限玻尔兹曼机（Restricted Boltzmann Machine，RBM）对维数进行约减，并将约减后的数据用于预测股票价格的涨跌。可用于维数约减的深度学习技术主要包括堆栈式自编码（Stacked Autoencoder，SAE）以及堆栈式受限玻尔兹曼机（Stacked Restricted Boltzmann Machine，SRBM）① 等（Hinton and Salakhutdinov，2006；Hinton et al.，2006），这些先进技术已经被大量应用于图像、语音、金融领域（Le Cun et al.，2015；Li et al.，2015；Heaton et al.，2017；Chong et al.，2017）。

一个重要的问题是，采用这些先进的无监督深度学习算法进行维数约减是否对本书提出的市场结构性分歧视角下的股票选择策略产生影响。此外，股票市场中维数约减、噪声交易、市场波动、市场状态之间存在复杂的关系。市场状态是基本面交易者和噪声交易者共同作用的结果（Verma and Verma，2007），同时投资者可以根据市场的波动判定市场状态（Kirkpatrick and Dahlquist，2010），且在不同的市场状态下交易者的信息需求存在显著差异（Vlastakis and Markellos，2012）。众所周知，维数约减等价于信息压缩，其可以在保留主要数据的同时过滤噪声数据，因此本章关注的核心问题是不同市场状态下维数约减对市场结构性分歧视角下股票选择策略的影响。此外，是否可以基于这种影响构造出表现更优的投资策略？

第二节 方法模型

本章主要分析在不同市场行情下维数约减对市场结构性分歧视角下选

① 堆栈式受限玻尔兹曼机：由多层受限玻尔兹曼机堆叠构成，其中，受限玻尔兹曼机是一种通过输入数据集学习概率分布的随机生成神经网络。

股策略的影响，逻辑设计如图 6-1 所示。

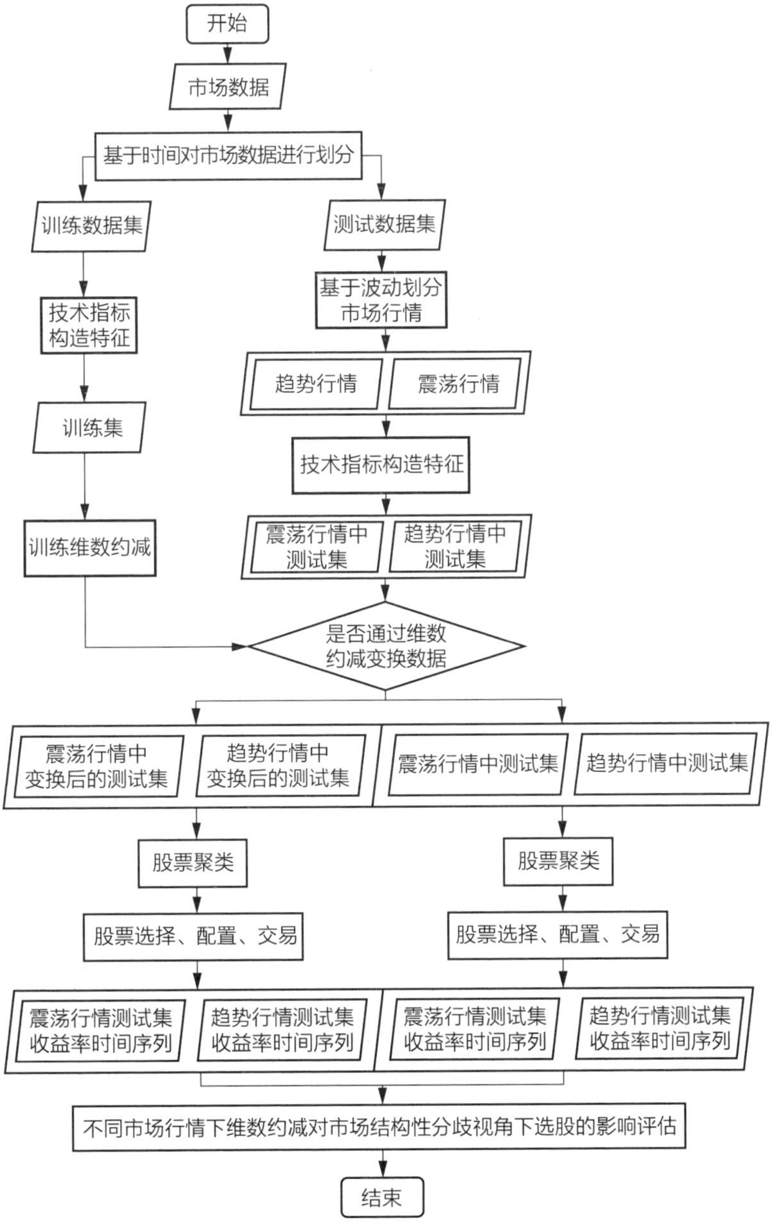

图 6-1　不同市场行情下维数约减对市场结构性分歧视角下选股策略的影响逻辑设计

注：图中维数约减方法主要包括 PCA、SAE 和 SRBM。

首先，本章基于时间关系将股票市场数据划分为训练数据集和测试数据集，其中训练数据集被用于训练维数约减方法，测试集被用于验证维数约减对股票选择的影响；其次，本章分别对训练数据集、测试数据集进行特征构造（与第五章一致）；再次，本章在测试数据集中对维数约减对股票选择的影响进行分析；最后，本章基于维数约减的影响提出了一种新的股票选择策略。

本节主要简单介绍本章分析过程中涉及的 3 种维数约减方法，分别是 PCA、SAE、SRBM，其中，PCA 法是最经典、最常用的维数约减方法，被大量应用于各行各业的学术研究，而堆栈式自编码法以及堆栈式受限玻尔兹曼机法是近些年在图像、语音以及文本领域非常活跃的深度学习方法。

为了后续内容的便利，本章在介绍不同维数约减方法之前对一些符号进行约定。假设一个 $n\times D$ 的矩阵 $\boldsymbol{X}$ 表示样本特征数据，其中矩阵 $\boldsymbol{X}$ 的行是一个 D 维的向量，表示一个样本的所有特征；矩阵 $\boldsymbol{X}$ 的列是一个 n 维的向量，表示所有样本的某一个特征。维数约减方法的目的是生成一个新的 $n\times d$ 维的矩阵 $\boldsymbol{Y}$，该矩阵可保留原始数据矩阵 $\boldsymbol{X}$ 的大量信息，且可将维度从 D 维下降到 d 维。

一、主成分分析法

主成分分析法是一种无监督的线性维数约减技术，其在学术界和各行各业都有大量应用（Jolliffe and Cadima，2016），主成分分析法的主要思想是将原始数据嵌入低维度的线性空间，同时尽可能地保留原始数据的统计信息（包括方差和协方差）。

假设存在一个 $D\times d$ 的线性映射矩阵 $\boldsymbol{U}$，该线性映射矩阵可通过 $\boldsymbol{Y}=\boldsymbol{X}\boldsymbol{U}$ 将原始数据矩阵 $\boldsymbol{X}$ 转变为新的数据矩阵 $\boldsymbol{Y}$，需要注意的是，主成分分析中原始数据矩阵 $\boldsymbol{X}$ 必须为零均值矩阵，则转换后新的数据集的方差和协方差矩阵为：

$$Y^T Y=(XU)^T(XU)=U^T(X^T X)U=U^T cov(X)U \quad (6-1)$$

其中，$cov(X)$ 为原始样本数据 X 的协方差矩阵。

PCA 的主要目的是使变换后数据的方差和协方差信息尽可能保存，通过式（6-1）可以发现其目的就是保留原始样本数据的协方差矩阵 $cov(X)$ 的信息，由线性代数中的最大特征向量以及特征值理论可知，就是保存多个特征值，因此线性映射矩阵 U 可由原始数据协方差矩阵的前 d 个特征值对应的特征向量组成，特征向量的计算公式为：

$$cov(X)v=\lambda v, \quad (6-2)$$

其中，λ、v 分别对应协方差矩阵 $cov(X)$ 的特征值和特征向量。

通过样本数据的学习，可以确定线性映射矩阵 U，因此可以通过变换 $Y=XU$ 将原始 D 维样本数据矩阵 X 转变为维度更低的 d 维新的数据矩阵 Y。

二、堆栈式自编码

SAE 是一种基于神经网络的深度学习方法，同时也是一种无监督学习算法，其目的是最小化重构误差，且被自编码（Autoencoder）初始化的方法。图 6-2 展示了一个单层展开的 SAE 结构，包含单层输入层（Hidden）、单层隐藏层、单层重构输入层。

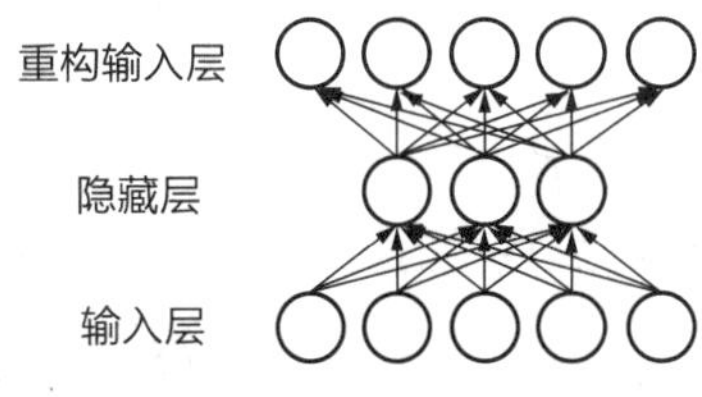

图 6-2　含有一层隐藏层的 SAE 展开结构

注：图中重构误差通过输入层和重构层的误差来衡量，整个方法的参数可以根据重构误差并利用随机梯度下降算法进行训练调整。

含有单层隐藏层的 SAE 中参数的更新规则如下。令其输入层为 D 维的向量 $\boldsymbol{x}$，假设存在一个权重矩阵 $\boldsymbol{W}$、隐藏层偏差向量 $\boldsymbol{b}$、输入层偏差向量 $\boldsymbol{c}$，则重构输入层向量 $\boldsymbol{x}'$ 为：

$$\begin{aligned} \boldsymbol{x}' &= f\left(\boldsymbol{c}+\boldsymbol{W}\boldsymbol{y}\right) \\ \boldsymbol{y} &= f\left(\boldsymbol{W}^T\boldsymbol{x}+\boldsymbol{b}\right) \end{aligned} \tag{6-3}$$

其中，$f(\cdot)$ 为激活函数，$\boldsymbol{y}$ 为原始输入向量 $\boldsymbol{x}$ 变换后的向量，即约减后的向量。

计算原始数据向量 $\boldsymbol{x}$ 和原始数据向量重构向量 $\boldsymbol{x}'$ 间的误差，并采用随机梯度算法进行参数的更新，其中，采用均方根误差来衡量误差。权重矩阵 $\boldsymbol{W}$、隐藏层的偏差向量 $\boldsymbol{b}$、输入层的偏差向量 $\boldsymbol{c}$ 的更新规则为：

$$\begin{aligned} RMSE\left(\boldsymbol{x},\boldsymbol{x}'\right) &= \frac{1}{2}\|\boldsymbol{x}-\boldsymbol{x}'\|^2 \\ \Delta\boldsymbol{W} &= -\eta\frac{\partial}{\partial\boldsymbol{W}}RMSE\left(\boldsymbol{x},\boldsymbol{x}'\right) \\ \Delta\boldsymbol{b} &= -\eta\frac{\partial}{\partial\boldsymbol{b}}RMSE\left(\boldsymbol{x},\boldsymbol{x}'\right) \\ \Delta\boldsymbol{c} &= -\eta\frac{\partial}{\partial\boldsymbol{c}}RMSE\left(\boldsymbol{x},\boldsymbol{x}'\right) \end{aligned} \tag{6-4}$$

其中，η 表示学习率，一般设置为 0.001，$\frac{\partial}{\partial\boldsymbol{W}}$、$\frac{\partial}{\partial\boldsymbol{b}}$ 和 $\frac{\partial}{\partial\boldsymbol{c}}$ 分别表示损失函数或误差函数 $RMSE\left(\boldsymbol{x},\boldsymbol{x}'\right)$ 对 $\boldsymbol{W}$、$\boldsymbol{b}$ 和 $\boldsymbol{c}$ 的偏导数。训练直到重构误差收敛或到达最大的迭代次数停止。

多层隐藏层的 SAE 可采用逐层训练（layer-by-layer）策略实现，第（$l-1$）层隐藏层的激活函数输出可作为第 l 层隐藏层的输入，并进行第 l 层隐藏层的训练，因此带有 l 层的 SAE 可以通过训练 l 次单层 SAE 实现，其训练过程如图 6-3 所示。

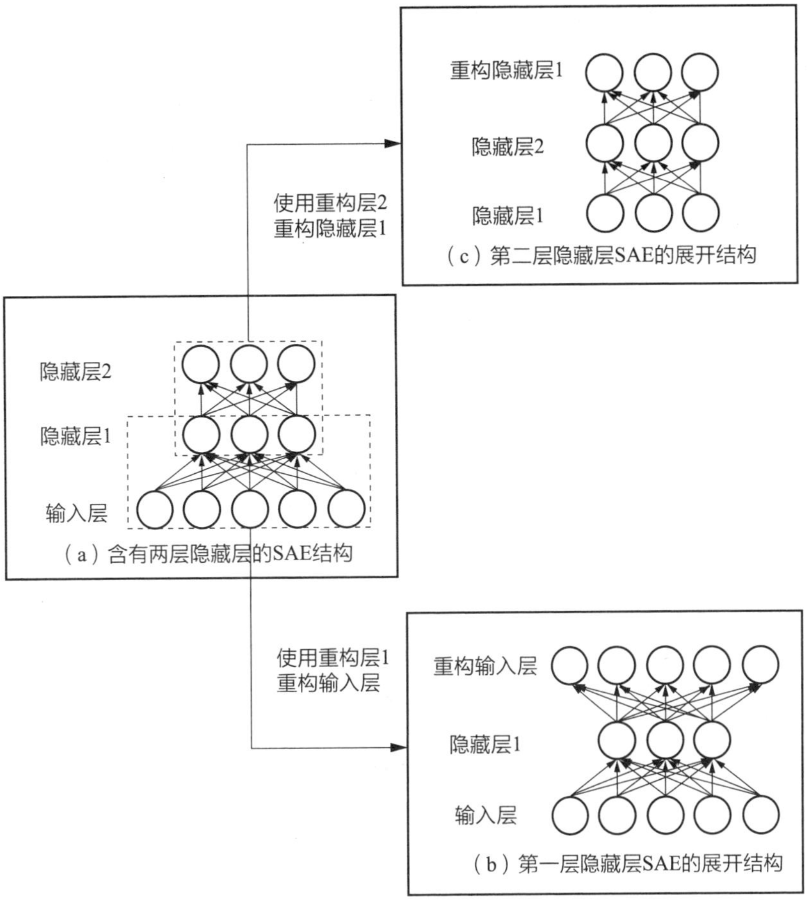

图 6-3　两层隐藏层的 SAE 以及逐层训练策略

注：第二层隐藏层的激活输出即为约减后的空间。

SAE 通过隐藏层逐层训练后，进一步通过反向传播算法（Backpropagation Algorithm）进行参数的微调，可以得知最后一层隐藏层元素的个数改变了约减后空间的维度，且约减后的特征可以根据$f\left(\boldsymbol{W}^{\mathrm{T}}\boldsymbol{x}+\boldsymbol{b}\right)$计算获得，其中，向量$\boldsymbol{x}$表示输入特征，即原始数据向量。

三、堆栈式受限玻尔兹曼机

堆栈式受限玻尔兹曼机与 SAE 类似，都属于深度学习中无监督算法的一种，其主要是由受限玻尔兹曼机堆叠而成，但受限玻尔兹曼机的训练过程与自编码存在差异，含有单层隐藏层的受限玻尔兹曼机结构如图 6-4 所示。

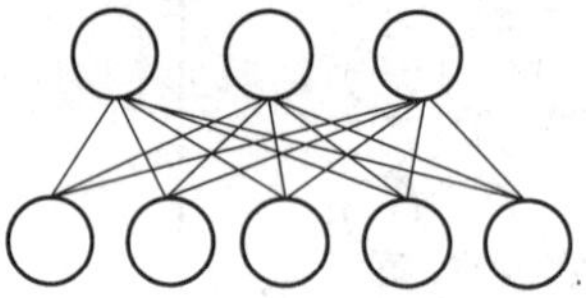

图 6-4　受限玻尔兹曼机

受限玻尔兹曼机包含可见层和隐藏层，是一种基于能量的随机循环神经网络（Energy-based Stochastic Recurrent Neural Network）。令向量 $\boldsymbol{v}$ 和 $\boldsymbol{h}$ 分别表示可见层以及隐藏层神经元的状态，向量 $\boldsymbol{v}'$ 和 $\boldsymbol{h}'$ 分别表示可见层和隐藏层的期望状态（可通过 Gibbs 抽样获得），矩阵 $\boldsymbol{W}$、向量 $\boldsymbol{b}$、向量 $\boldsymbol{c}$ 分别表示可见层到隐藏层的权重矩阵、隐藏层的偏差向量、可见层的偏差向量，$f(\cdot)$ 同样表示激活函数，该受限玻尔兹曼机的训练过程如下。

（1）可见层与隐藏层间的联合密度为：

$$P(\boldsymbol{v},\boldsymbol{h})=\frac{1}{S}e^{E(\boldsymbol{v},\boldsymbol{h})}$$
$$E(\boldsymbol{v},\boldsymbol{h})=-\left(\boldsymbol{v}^{\mathrm{T}}\boldsymbol{W}\boldsymbol{h}+\boldsymbol{b}^{\mathrm{T}}\boldsymbol{h}+\boldsymbol{c}^{\mathrm{T}}\boldsymbol{v}\right) \quad (6-5)$$

其中，$E(\boldsymbol{v},\boldsymbol{h})$ 为能量函数，即 S 分配函数（Partition Function），其目的是保证所有密度和为 1。

（2）可见层的边缘密度（Marginal Probability）。

$$P(\boldsymbol{v})=\sum_{\boldsymbol{h}}P(\boldsymbol{v},\boldsymbol{h}) \quad (6-6)$$

（3）基于对比梯度（Contrastive Divergence，CD）算法，可以得知权

重矩阵 $\boldsymbol{W}$ 的更新规则为：

$$\Delta \boldsymbol{W} = \eta \frac{\partial \ln\left(P(\boldsymbol{v})\right)}{\partial \boldsymbol{W}} = \eta\left(\boldsymbol{v}\boldsymbol{h}^{\mathrm{T}} - \boldsymbol{v}'\boldsymbol{h}^{\mathrm{T}}\right) \tag{6-7}$$

其中，η 表示学习率。

（4）同样，基于对比梯度算法，可得可见层和隐藏层的偏差向量的更新规则。

$$\begin{aligned} \Delta \boldsymbol{b} &= \eta\left(\boldsymbol{v} - \boldsymbol{v}'\right) \\ \Delta \boldsymbol{c} &= \eta\left(\boldsymbol{h} - \boldsymbol{h}'\right) \end{aligned} \tag{6-8}$$

SRBM 与 SAE 类似可以通过逐层训练的方式得到，同样地，最后一层隐藏层神经元的数量代表了约减后的空间维数，约减的特征可通过 $f\left(\boldsymbol{W}^{\mathrm{T}}\boldsymbol{v} + \boldsymbol{b}\right)$ 获得，其中 $\boldsymbol{v}$ 表示输入的特征，即原始数据向量。

第三节　实证分析

从图 6-1 可以看出，维数约减对市场结构性分歧视角下的股票选择策略的影响研究主要包括维数约减的训练、市场结构性分歧视角下的股票选择和不同行情下维数约减对股票选择的影响。因此，本章的实证分析主要沿着这三部分进行，其中，市场结构性分歧视角下的股票选择在第五章中已有详细分析，因此本章不再进行说明。

一、数据说明

本章依然使用中证 100 指数成份股周度数据，所有数据依然来源于 CHOICE 数据库（http：//eastmoney.com/），个股的特征构造与第五章一致，依然采用技术判别数据，但本章的研究增加了维数约减方法的训练过程，因此实验数据时间范围为 2006 年 6 月 2 日至 2016 年 2 月 26 日，其中，2014 年之前的数据分别用于训练 3 种不同的维数约减方法，2014 年 1 月 3 日至 2016 年 2 月 26 日的数据被应用于验证维数约减对股票选择策略的影响（此数据段内市场行情划分明显，有利于探讨不同市场行情下的状态）。

二、模型评估

在第五章的研究中，分别采用了平均周度收益、周度 Sharpe 率、累计收益、最大回撤等相关评估标准，为了简单而不失一般性，本章直接采用周度 Sharpe 率作为策略的评估标准，详细的计算方法请参考第五章中的模型评估。

三、实验结果

（一）维数约减方法的训练

3 种不同的维数约减方法对应着不同的参数，根据 Bengio（2012）和 Hinton（2012）关于深度学习的实践意见，对 3 种不同维数约减方法进行参数设置，见表 6-1。

表 6-1　维数约减方法的参数设置

方法	PCA	SAE	SRBM
主成分	[10，60，5]	—	—
隐藏层神经元数量	—	[10，60，5]	[10，60，5]
隐藏层数量	—	1	1
激活函数	—	sigmoid	sigmoid
训练算法	—	SGD	CG
Gibbs 抽样 k 设置	—	—	1

续表

方法	PCA	SAE	SRBM
训练周期数	—	100	100
学习率	—	0.001	0.001
batch 大小设置	—	4	4

注：[10，60，5] 表示 10~60 的数字序列，其间隔为 5；SGD 表示随机梯度下降算法；CG 表示对比梯度算法。

考虑到训练的时间和效率问题，根据 Heaton 等（2017）的研究可以知道，利用所有股票数据训练神经网络可以代表对应指数的特征，为了减少训练时间本章直接采用指数的相关数据进行维数约减方法的训练。2013 年 12 月 23 日当期的维数约减算法的输入特征见表 6–2，其他日期的输入特征类似。

表 6–2　2013 年 12 月 23 日当期的维数约减算法的输入特征样本

时间	*CCI*	*MOM*	*MACD*	*RSI*	*WillR*	*SMA*	*StochK*	*StochD*
2013 年 11 月 1 日	1	1	1	1	0	0	1	0
2013 年 11 月 8 日	0	0	0	0	1	0	0	0
2013 年 11 月 15 日	1	0	1	1	0	0	1	1
2013 年 11 月 22 日	1	0	1	1	0	1	1	1
2013 年 11 月 29 日	1	1	1	1	0	1	1	1
2013 年 12 月 6 日	0	1	1	1	1	1	1	1
2013 年 12 月 13 日	0	1	0	0	1	0	0	1
2013 年 12 月 20 日	0	0	0	1	1	0	0	0

此外，从方法模型的相关介绍中可以看到，主成分分析的输入特征必须为零均值（Zero–mean），因此在主成分分析的训练过程中，对训练数据集进行了 Z– 标准化处理。而 SAE 以及堆栈式受限玻尔兹曼机的训练很容

易陷入局部最小以及过拟合，为了降低这些影响，本章针对这两种深度学习算法从训练数据集中抽出 20% 的后期数据，应用于训练过程中对损失函数的监控，当最近 5 次损失函数的移动平均值不再下降或达到最大的迭代次数后，模型训练完成。

表 6–3 给出了维数为 25 时，不同维数约减方法约减后的样本特征（对应表 6–2 中的输入特征）。通过表 6–3 可以看出，SAE 以及堆栈式受限玻尔兹曼机约减后的特征大小都介于 0～1，这是激活函数的缘故；而主成分分析约减后的特征不仅有正值也存在负值，这是由主成分分析的输入必须为零均值造成的。

表 6–3　当维数为 25 时，不同维数约减方法约减后的特征样本

方法	特征样本
PCA	–0.34，–3.25，+2.97，–2.76，–3.29，–1.46，–0.10，+0.70，+1.23，–1.08，–0.20，–1.47，–1.80，–0.71，–0.21，+0.65，+0.83，–1.12，+0.96，–0.51，–0.47，–0.89，–0.97，+0.36，+0.21
SAE	+0.08，+0.15，+0.95，+0.65，+0.03，+0.49，+0.99，+0.50，+0.90，+0.84，+0.42，+0.58，+0.29，+0.40，+0.87，+1.00，+0.01，+0.02，+0.01，+0.99，+1.00，+0.00，+0.31，+0.98，+0.00
SRBM	+0.97，+0.15，+0.03，+0.10，+0.15，+0.34，+0.83，+0.10，+0.11，+0.55，+0.42，+0.07，+0.97，+0.53，+0.72，+0.15，+0.63，+0.04，+0.04，+0.90，+0.01，+0.37，+0.32，+0.78，+0.05

表 6–4 展示了不同维数约减方法在训练集中的训练时间和训练误差。从表中可以看出：①从训练时间来说，主成分分析的训练效率最高，远远优于两种深度学习的维数约减方法，这主要是因为深度学习算法中的非线性激活函数以及 Epoch 等增加了算法的复杂度；②训练维数与训练时间之间不存在显著的关系，这是因为训练维数的大小并未影响算法的时间复杂度；③训练维数与训练误差之间有显著的线性关系，随着维数的增

加训练误差逐步减小，这是因为随着维数的增加不同算法保留的信息越来越多，因此误差越来越小。需要注意的是，考虑到不同维数约减方法误差定义的方式存在差异，此处并未对 3 种不同的维数约减训练误差进行对比分析。

表 6-4　不同维数约减方法在训练集中的训练时间和训练误差

维数	训练时间			训练误差		
	PCA	SAE	SRBM	PCA	SAE	SRBM
10	0.050	11.930	10.273	0.300	0.136	0.216
15	0.040	11.559	13.908	0.237	0.116	0.186
20	0.000	15.104	10.603	0.188	0.086	0.191
25	0.000	13.823	12.354	0.150	0.080	0.178
30	0.000	12.376	9.923	0.117	0.080	0.183
35	0.000	13.856	10.608	0.090	0.068	0.174
40	0.000	16.922	9.543	0.067	0.056	0.177
45	0.000	11.694	9.271	0.047	0.067	0.177
50	0.000	11.979	11.513	0.031	0.063	0.166
55	0.002	13.251	10.157	0.018	0.055	0.165
60	0.000	14.553	10.987	0.007	0.052	0.162
avg	0.006	13.368	10.831	0.114	0.078	0.179

注：表中训练时间的单位为秒，主成分分析的训练误差为未解释的方差比例，SAE 以及堆栈式受限玻尔兹曼机的训练误差为均方根误差。

（二）维数约减对股票选择的影响

本章分别在验证集中检验了 4 种股票选择策略和市场指数，它们分别为基于主成分分析的市场结构性分歧视角下的股票选择策略（Stock

Selection with PCA and Cluster Analysis，$DR-CA-SS_{pca}$）、基于堆栈式自编码的市场结构性分歧视角下的股票选择策略（Stock Selection with SAE and Cluster Analysis，$DR-CA-SS_{sae}$）、基于堆栈式受限玻尔兹曼机的市场结构性分歧视角下的股票选择策略（Stock Selection with SRBM and Cluster Analysis，$DR-CA-SS_{srbm}$）、市场结构性分歧视角下的一种选股策略（CA-SS）、市场指数（IND）。其中，CA-SS 和 IND 分别作为两种基准策略，因为其并未使用维数约减方法，可与使用维数约减的相关策略进行对比分析。

本节所有选股策略的参数仍然采用第五章中的相关设置，需要注意的是，验证集的特征是通过训练好的维数约减方法和 Z- 标准化方法进行的维数约减。$DR-CA-SS_{pca}$ 和 CA-SS 在中证 100 指数成份股市场的选股结果如表 6-5 所示。

表 6-5　$DR-CA-SS_{pca}$ 和 CA-SS 在中证 100 指数成份股市场的选股结果

策略	维数	选择的股票	收益率
$DR-CA-SS_{pca}$	25	601800.SH，601988.SH，300059.SZ 601009.SH，600900.SH，601998.SH 601336.SH，601618.SH，000001.SZ 002450.SZ，600015.SH	0.0368
	50	601800.SH，600837.SH，601288.SH 601009.SH，601998.SH，601336.SH 601668.SH，601618.SH，000001.SZ 002450.SZ，600015.SH	0.0327
CA-SS	64	601800.SH，600036.SH，601009.SH 002415.SZ，601998.SH，600900.SH 601336.SH，601988.SH，601390.SH 002450.SZ，600015.SH	0.0213

注：选股样例时间为 2014 年 11 月 7 日。

股票市场的波动对识别市场的行情状态特别重要（Hanna，2018），根据 Kirkpatrick 和 Dahlquist（2010）的研究，本章将市场的行情主要划分为震荡行情和趋势性行情两种，其中，趋势性行情包括上涨和下跌，中证 100 指数的市场行情划分结果如图 6-5 所示。

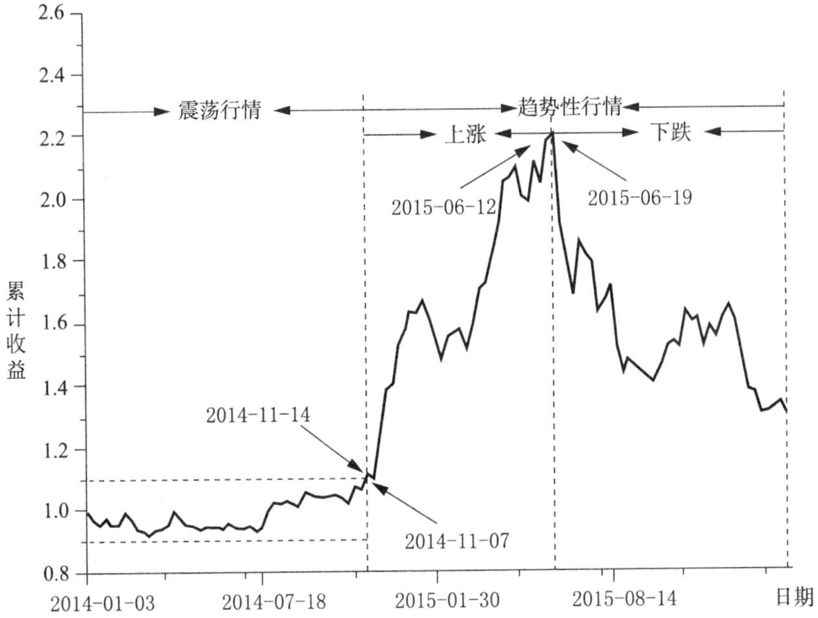

图 6-5 中证 100 指数的市场行情划分结果

本章进一步分析了不同市场行情下不同股票选择策略的表现，中证 100 指数成份股市场上详细的实验结果见表 6-6。由表 6-6 可以看出：①整个验证周期中，主成分分析、SAE 以及堆栈式受限玻尔兹曼机 3 种策略中最优的维数分别为 15、15 和 25；②不同策略的 Sharpe 率都表现出随着维数的增加或训练误差的降低而波动的态势，意味着维数与策略表现之间并未有显著的关系，造成这种现象的原因可能是在已知数据集中可以训练出随着维数误差逐步减小而维数变小的模型，但因为验证的是未来未知的数据集，随着时间的推移这种关系不复存在，这意味着不能直接使用过去最优的参数配置或维数直接进行未来的实践，因此有必要对维数约减整体的表现进行分析。

表 6-6　中证 100 指数成份股不同市场行情下不同股票选择策略的 Sharpe 率

策略	维数	震荡行情	趋势性行情		整体
			上涨	下跌	
$DR-CA-SS_{pca}$	10	0.1768	0.6675	−0.2113	0.1400
	15	0.1639	0.6515	−0.1836	**0.1537**
	20	0.1646	0.6419	−0.1587	0.1511
	25	0.1460	0.6238	−0.1786	0.1222
	30	0.1218	0.6540	−0.1536	0.1405
	35	0.1649	0.6485	−0.1901	0.1309
	40	0.1035	0.6189	−0.1652	0.1072
	45	0.1258	0.6128	−0.2099	0.1018
	50	0.1449	0.6180	−0.2157	0.1077
	55	0.1593	0.5432	−0.2411	0.0870
	60	0.1563	0.6299	−0.2169	0.1245
$DR-CA-SS_{sae}$	10	0.1533	0.5993	−0.2198	0.1121
	15	0.1653	0.6266	−0.2088	**0.1231**
	20	0.1606	0.6236	−0.2077	0.1231
	25	0.1763	0.6160	−0.2131	0.1220
	30	0.1290	0.6221	−0.2125	0.1150
	35	0.1447	0.6126	−0.2071	0.1180
	40	0.1513	0.6152	−0.2127	0.1160
	45	0.1446	0.6035	−0.2000	0.1194
	50	0.1377	0.6308	−0.2130	0.1176
	55	0.1361	0.6120	−0.1991	0.1197
	60	0.1440	0.6161	−0.2029	0.1211

续表

策略	维数	震荡行情	趋势性行情		整体
			上涨	下跌	
$DR-CA-SS_{srbm}$	10	0.1596	0.6228	−0.1740	0.1452
	15	0.1786	0.6413	−0.1695	0.1571
	20	0.1841	0.6251	−0.1587	0.1555
	25	0.2128	0.6234	−0.1632	**0.1592**
	30	0.2174	0.6365	−0.1786	0.1542
	35	0.2141	0.6295	−0.1722	0.1550
	40	0.2310	0.6406	−0.1795	0.1575
	45	0.2269	0.6332	−0.1776	0.1534
	50	0.2167	0.6412	−0.1843	0.1461
	55	0.2375	0.6344	−0.1815	0.1515
	60	0.2163	0.6324	−0.1854	0.1440
CA−SS	64	0.1923	0.6241	−0.2349	0.1221
IND	—	0.0624	0.5377	−0.2625	0.0744

注：2014 年 1 月 3 日至 11 月 7 日为震荡行情，2014 年 11 月 14 日至 2016 年 2 月 26 日为趋势性行情，“整体”表示 2014 年 1 月 3 日至 2016 年 2 月 26 日，为了降低随机种子对策略的影响，$DR-CA-SS_{sae}$ 以及 $DR-CA-SS_{srbm}$ 的值为 30 次独立实验的均值。

不同股票选择策略在不同市场行情下针对维数的统计性结果如表 6−7 所示。由表 6−7 可以发现：①在震荡行情下，基于主成分分析以及 SAE 的 CA−SS 的表现都有一定程度的降低，其 Sharpe 率分别为 0.15 左右，而同期非维数约减的 CA−SS 的 Sharpe 率为 0.19，虽然基于堆栈式受限玻尔兹曼机的 CA−SS 的 Sharpe 表现为 0.20，但是提升的幅度有限，因此可以得到在震荡行情下，维数约减很难提高市场结构性分歧视角下股票选择策略的表现；②在上涨的趋势性行情下，3 种不同维数约减对应的股票选择策略与非维数约减的股票选择策略的 Sharpe 率间并未表现出明显的差异；

③在下跌的趋势性行情下，维数约减有效地提高了市场结构性分歧视角下股票选择策略的表现力，尤其是基于堆栈式受限玻尔兹曼机对应策略的 Sharpe 率为 −0.18，而非维数约减对应策略的 Sharpe 率为 −0.23。

上述现象可能是以下因素导致的：①相比仿真数据，金融市场数据具有较高的信噪比，虽然维数约减损失了部分信息，但是其保持了大量的主要信息，且能避免聚类分析中的维数灾难，因此在某些行情下维数约减可以提高股票选择的表现；②可能与市场本身有关，中国股票市场是散户较多的市场，市场行情的急速下跌很容易导致恐慌蔓延，特别是对散户而言，这导致在下跌行情中更容易出现噪声，因此在下跌行情下维数约减可以有效地提高股票选择的表现。

市场噪声交易很容易造成市场的波动（Verma and Verma，2007），这意味着在趋势性行情中存在更多的市场噪声交易者。因此，通过上述实验结果可知，维数约减的优势主要体现在趋势性行情下，但具体是上涨行情还是下跌行情，可能依赖于分析的市场本身。

表 6–7　股票选择策略在中证 100 指数不同市场行情下维数方面的 Sharpe 率统计结果

行情	策略	最小值	最大值	平均值	标准差
震荡行情	$DR-CA-SS_{pca}$***	0.1035	0.1768	0.1480	0.0224
	$DR-CA-SS_{sae}$***	0.1290	0.1763	0.1494	0.0139
	$DR-CA-SS_{srbm}$**	0.1596	0.2375	0.2086	0.0241
	CA-SS	0.1923	0.1923	0.1923	0.0000
	IND	0.0624	0.0624	0.0624	0.0000
趋势性行情（上涨）	$DR-CA-SS_{pca}$	0.5432	0.6675	0.6282	0.0332
	$DR-CA-SS_{sae}$***	0.5993	0.6308	0.6162	0.0095
	$DR-CA-SS_{srbm}$**	0.6228	0.6413	0.6328	0.0069
	CA-SS	0.6241	0.6241	0.6241	0.000
	IND	0.5377	0.5377	0.5377	0.000

续表

行情	策略	最小值	最大值	平均值	标准差
趋势性行情（下跌）	$DR-CA-SS_{pca}$***	−0.2411	−0.1536	−0.1959	0.0264
	$DR-CA-SS_{sae}$***	−0.2198	−0.1991	−0.2088	0.0063
	$DR-CA-SS_{srbm}$**	−0.1854	−0.1587	−0.1750	0.0085
	CA−SS	−0.2349	−0.2349	−0.2349	0.000
	IND	−0.2625	−0.2625	−0.2625	0.000

注：***、** 分别表示维数约减对应策略（DR−CA−SS）与非维数约减策略（CA−SS）间 t 检验在 1%、5% 水平上显著。

为了进一步验证市场本身的影响，本章同样分析了日经 225 指数成份股市场中股票选择策略的表现，所有数据的构造及分析与中证 100 指数成份股市场类似，本章使用 2000 年 1 月 1 日至 2013 年 12 月 27 日的数据进行维数约减方法的训练，使用 2014 年 1 月 5 日至 2016 年 2 月 14 日的数据进行不同股票选择策略的验证和评估，日经 225 指数成份股市场行情的划分结果如图 6−6 所示。

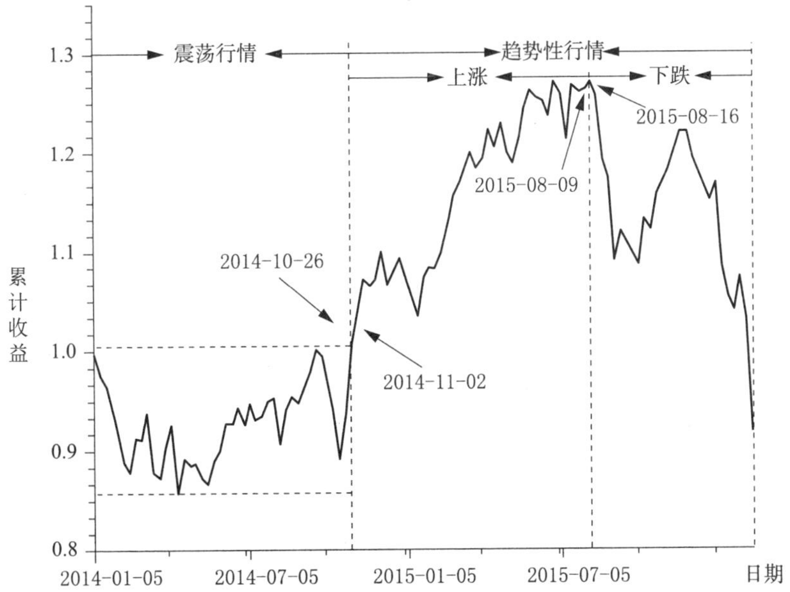

图 6−6　日经 225 指数成份股市场行情划分

不同股票选择策略在日经 225 指数成份股市场不同市场行情下的详细 Sharpe 率结果见表 6-8。从表 6-8 可以发现，整个验证周期中主成分分析、SAE 以及 SRBM 3 种策略中最优的维数分别为 45、15 和 15，且出现了与中证 100 指数成份股类似的结果，即维数与策略表现之间并未有显著的关系，因此本章进一步对维数约减整体的表现进行了分析。

表 6-8　不同股票选择策略在日经 225 指数成份股不同行情下的 Sharpe 率

策略	维数	震荡行情	趋势性行情		整体
			上涨	下跌	
$DR-CA-SS_{pca}$	10	−0.022	0.4307	−0.2968	0.0290
	15	0.0155	0.4688	−0.3453	0.0370
	20	−0.0068	0.4631	−0.3380	0.0236
	25	−0.0212	0.4402	−0.3147	0.0190
	30	0.0076	0.4414	−0.2838	0.0461
	35	0.0140	0.3905	−0.2815	0.0428
	40	0.0108	0.4491	−0.3071	0.0518
	45	0.0108	0.4682	−0.3125	**0.0529**
	50	−0.0108	0.4293	−0.3011	0.0320
	55	−0.0142	0.4000	−0.3417	0.0224
	60	−0.0488	0.3910	−0.3129	0.0144
$DR-CA-SS_{sae}$	10	−0.0163	0.3841	−0.3422	0.0081
	15	−0.0160	0.4103	−0.3283	**0.0133**
	20	−0.0188	0.4076	−0.3335	0.0113
	25	−0.0194	0.4003	−0.3348	0.0075
	30	−0.0222	0.4030	−0.3369	0.0086
	35	−0.0260	0.4068	−0.3406	0.0073
	40	−0.0245	0.4147	−0.3341	0.0107
	45	−0.0184	0.3934	−0.3406	0.0069
	50	−0.0281	0.3927	−0.3452	0.0024
	55	−0.0151	0.3999	−0.3389	0.0115
	60	−0.0244	0.4026	−0.3448	0.0058

续表

策略	维数	震荡行情	趋势性行情		整体
			上涨	下跌	
$DR-CA-SS_{srbm}$	10	0.0112	0.4782	−0.4025	0.0334
	15	0.0172	0.4715	−0.3871	**0.0398**
	20	0.0008	0.4551	−0.3963	0.0266
	25	0.0036	0.4566	−0.3754	0.0323
	30	0.0104	0.4524	−0.3763	0.0340
	35	0.0035	0.4341	−0.3779	0.0262
	40	0.0027	0.4387	−0.3751	0.0273
	45	−0.0039	0.4430	−0.3633	0.0287
	50	−0.0028	0.4481	−0.3627	0.0314
	55	−0.0092	0.4403	−0.3866	0.0214
	60	−0.0090	0.4402	−0.3582	0.0297
CA−SS	64	0.0004	0.3769	−0.3065	0.0283
IND	—	−0.0354	0.3494	−0.3312	−0.0117

注：2014 年 1 月 5 日至 10 月 26 日为震荡行情，2014 年 11 月 2 日至 2016 年 2 月 14 日为趋势性行情，“整体”代表 2014 年 1 月 5 日至 2016 年 2 月 14 日整个验证集时间周期，为了避免随机种子的影响，$DR-CA-SS_{sae}$ 和 $DR-CA-SS_{srbm}$ 的 Sharpe 率为 30 次独立实验的均值。

不同股票选择策略在日经 225 指数成份股不同市场行情下 Sharpe 率在维数上的统计结果如表 6-9 所示。由表 6-9 可以发现：①在震荡行情下，主成分分析以及 SAE 都降低了市场结构性分歧视角下股票选择策略的表现力，虽然 SRBM 提高了策略的表现力，但是提高的幅度有限且统计上并不显著；②在上涨趋势性行情下，维数约减有效地提高了市场结构性分歧视角下股票选择策略的表现力，且统计上具有显著性；③在下跌趋势性行情下，维数约减方法导致了市场结构性分歧视角下股票选择策略表现力的下降。因此，维数约减的优势同样体现在趋势性行情下，但与中证 100 指数成份股市场相反，维数约减在日经 225 指数上涨趋势性行情下具有较好的表现，这意味着维数约减的优势确实依赖分析的市场行情。

表 6-9　股票选择策略在日经 225 指数不同市场行情下维数方面的 Sharpe 率统计结果

行情	策略 lec	最小值	最大值	平均值	标准差
震荡行情	DR-CA-SS_{pca}	−0.0488	0.0155	−0.0059	0.0201
	DR-CA-SS_{sae}***	−0.0281	−0.0151	−0.0208	0.0044
	DR-CA-SS_{srbm}	−0.0092	0.0172	0.0022	0.0084
	CA-SS	0.0004	0.0004	0.0004	0.0000
	IND	−0.0355	−0.0355	−0.0355	0.0000
趋势性行情（上涨）	DR-CA-SS_{pca}***	0.3905	0.4688	0.4338	0.0291
	DR-CA-SS_{sae}***	0.3841	0.4147	0.4014	0.0088
	DR-CA-SS_{srbm}***	0.4341	0.4782	0.4507	0.0140
	CA-SS	0.3769	0.3769	0.3769	0.0000
	IND	0.3494	0.3494	0.3494	0.0000
趋势性行情（下跌）	DR-CA-SS_{pca}	−0.3453	−0.2815	−0.3123	0.0219
	DR-CA-SS_{sae}***	−0.3452	−0.3283	−0.3382	0.0052
	DR-CA-SS_{srbm}***	−0.4025	−0.3582	−0.3783	0.0140
	CA-SS	−0.3065	−0.3065	−0.3065	0.0000
	IND	−0.3312	−0.3312	−0.3312	0.0000

注：*** 表示维数约减对应策略（DR-CA-SS）与非维数约减策略（CA-SS）间 t 检验在 1% 水平上显著。

总体来说，通过本章的实验可以发现：①尽管 SAE 以及 SRBM 可以学习到特征间的非线性关系，但是其学习效率相比于主成分分析很低，更重要的是，这些非参数方法特别容易受到随机种子的影响，这对股票投资而言相当于额外的风险，因此除了非线性关系外，SAE 以及堆栈式受限玻尔兹曼机相比主成分分析在股票选择领域并未有明显优势；②对维数约减方法来说，训练集中最优的维数并非验证集中最优的维数，即过去最优的维数并不意味着未来也是最优的；③维数约减对市场结构性分歧视角下股票选择的影响主要体现在趋势性行情下，但具体是上涨行情还是下跌行情依赖分析的市场，在中证 100 指数成份股市场中其可以显著提高下跌趋势性行情下股票选择策略的表现力，而在日经 225 指数成份股市场中其可以显著提高上涨趋势性行情下股票选择策略的表现力。

第四节　一种轮动的股票选择策略

一、策略介绍

从本章上述实验可以发现，维数约减对 CA-SS 有显著的影响。假设维数约减在不同行情下的影响会持续，本章提出了一种基于维数约减和非维数约减间轮动的股票选择策略（A Stock-selection Rotation Strategy between Stock Selection with Dimensionality Reduction and without it，DR-CA-RSS）。首先，通过 t 检验衡量基于维数约减和非维数约减的市场结构性分歧视角下股票选择策略（DR-CA-SS、CA-SS）间的关系；其次，当 DR-CA-SS 显著优于 CA-SS 的表现时，意味着维数约减显著提高市场结构性分歧视角下股票选择策略的表现力，实施基于维数约减的市场结构性分歧视角下股票选择策略；否则，实施非维数约减的市场结构性分歧视角下股票选择策略，轮动的股票选择策略（DR-CA-RSS）的伪代码如下。

Algorithm 1

【Algorithm 1】A stock-selection rotation strategy between DR-CA-SS and CA-SS，namely DR-CA-RSS.

Input：initial investment strategy，formation period FT，and readjusting period RT，the date of open position t_0，the date of close position t_c.

1：$t=t_0+RT$

2：while $t<t_c$ do

3：Calculate Sharpe ratios of DR-CA-SS and CA-SS in last FT weeks

4：Evaluate the significance of t-test between DR-CA-SS and CA-SS in dimensions

5：if The current investment strategy is CA-SS then

6：if The performance of DR-CA-SS is significantly larger than that of CA-SS then Utilize DR-CA-SS

7：else Continue utilizing CA-SS

8：if The current investment strategy is DR-CA-SS then

9：if The performance of DR-CA-SS is (significantly) smaller than that of CA-SS then Utilize CA-SS

10：else Continue utilizing DR-CA-SS

11：$t=t+RT$

注：DR-CA-RSS 策略，即一种 DR-CA-SS 和 CA-SS 轮动的选股策略。初始化投资策略，生成器 FT，再平衡周期 RT，测试周期开始时间为 t_0，结束时间为 t_c。当 $t<t_c$ 时，计算 DR-CA-SS 与 CA-SS 两种策略在最近 FT 周的夏普比率，使用 t 统计评估 DR-CA-SS 和 CA-SS 两种策略在不同维数方面的显著性水平，如果当前的策略为 CA-SS，DR-CA-SS 显著优于 CA-SS，则实施 DR-CA-SS 策略；否则，继续实施 CA-SS 策略。如果当前的策略为 DR-CA-SS，DR-CA-SS 不优于 CA-SS，则实施 CA-SS 策略，否则继续实施 DR-CA-SS 策略。

二、实证分析

维数约减方法中，SAE 以及 SRBM 对随机种子特别敏感，这增加了投资的不确定性和风险，同时通过第三节的实验可以发现，相比主成分分析，这两种方法并未表现出明显的优势，因此，本章此部分实验只是用主成分分析维数约减方法验证策略的有效性，称为 DR−CA−RSS$_{pca}$，评估准则同样使用风险收益兼备的 Sharpe 率。

本章依然在中证 100 指数成份股市场进行了相关实验。两个不同时段的数据集被进行了测试，第一个数据集为 2016 年 3 月 4 日至 2018 年 8 月 24 日的数据，该时间段在上述研究中并未使用，因此具有更强的说服力；第二个数据集是从 2014 年 1 月 3 日至 2018 年 8 月 24 日，该数据集虽然时间周期相对较长，但是包含了部分使用过的数据集（维数约减对不同行情下股票选择的影响选用的是 2014 年 1 月 3 日至 2016 年 2 月 26 日的数据）。本章类似前面章节的研究内容，设置的调整周期 *RT* 为 1；生成期 *FT* 越小 Sharpe 率计算越不方便，但如果生成期 *FT* 变大，策略就会变得钝化并导致交易机会较少，因此本章测试了当生成期 *FT* 分别为 3、4、5 时策略的表现；初始策略本章选择了 CA−SS，这是因为从前面实验可以发现该策略相比指数有较好的表现，而基于维数约减的市场结构性分歧视角下的股票选择策略存在一定的不确定性。中证 100 指数成份股市场不同策略的 Sharpe 率见表 6−10。

表 6−10　2016 年 3 月 4 日至 2018 年 8 月 24 日及 2014 年 1 月 3 日至 2018 年 8 月 24 日中证 100 指数成份股市场不同策略的 Sharpe 率

测试周期	策略	生成期	维数											平均值	p 值
			10	15	20	25	30	35	40	45	50	55	60		
2016 年 3 月 4 日至 2018 年 8 月 24 日	DR−CA−RSS$_{pca}$	3	0.161	0.115	0.127	0.157	0.123	0.136	0.144	0.147	0.149	0.150	0.144	0.141	0.078
		4	0.157	0.121	0.135	0.150	0.128	0.139	0.139	0.143	0.140	0.151	0.143	0.141	0.028
		5	0.159	0.127	0.146	0.150	0.130	0.147	0.140	0.144	0.139	0.153	0.148	0.144	0.003
	DR−CA−SS$_{pca}$	—	0.143	0.103	0.134	0.154	0.111	0.121	0.119	0.131	0.128	0.158	0.133	0.131	0.679
	CA−SS	—	0.133												
	IND	—	0.092												

续表

测试周期	策略	生成期	维数											平均值	p 值
			10	15	20	25	30	35	40	45	50	55	60		
2014 年 1 月 3 日至 2018 年 8 月 24 日	$DR-CA-RSS_{pca}$	3	0.133	0.120	0.135	0.138	0.130	0.123	0.120	0.116	0.120	0.124	0.130	0.126	0.078
		4	0.137	0.123	0.141	0.134	0.139	0.127	0.123	0.120	0.117	0.122	0.129	0.128	0.030
		5	0.130	0.128	0.140	0.128	0.143	0.132	0.129	0.121	0.117	0.116	0.131	0.129	0.025
	$DR-CA-SS_{pca}$	—	0.137	0.129	0.139	0.131	0.124	0.123	0.109	0.110	0.112	0.111	0.124	0.123	0.834
	CA-SS	—	0.122												
	IND	—	0.078												

注：表中 p 为不同策略与 CA-SS 策略间 t 检验的 p 值。

从表 6-10 的实验结果可以看出，本章提出的 $DR-CA-RSS_{pca}$ 的 Sharpe 率不管是对不同的测试周期还是生成期都显著优于 $DR-CA-SS_{pca}$、CA-SS、中证 100 指数的 Sharpe 率。当生成期 FT 为 4 时，$DR-CA-RSS_{pca}$ 的平均 Sharpe 率在两种不同的测试周期上分别为 0.141 和 0.128，而对不同的生成期 FT，2014 年 1 月 3 日至 2018 年 8 月 24 日周期内 $DR-CA-RSS_{pca}$ 的平均 Sharpe 率为 0.126、0.128 和 0.129，这些 Sharpe 率的值都显著优于 $DR-CA-SS_{pca}$ 以及 CA-SS。更重要的是，与 $DR-CA-SS_{pca}$ 相比，$DR-CA-RSS_{pca}$ 相对 CA-SS 具有更高的显著性水平，2014 年 1 月 3 日至 2018 年 8 月 24 日周期内对不同的生成期 FT 而言，$DR-CA-RSS_{pca}$ 与 CA-SS 间 t 检验的 p 值分别为 0.078、0.030、0.025，而 $DR-CA-SS_{pca}$ 与 CA-SS 间 t 检验的 p 值为 0.834，这种差异性的显著表现在 2016 年 3 月 4 日至 2018 年 8 月 24 日也出现类似的结果。此外，不失一般性地，本章给出了当生成期 FT 为 5、选择的约减维数为 30 时，2014 年 1 月 3 日至 2018 年 8 月 24 日周期内不同策略的累计收益（见图 6-7）。由图 6-7 可以看出，

DR−CA−RSS$_{pca}$ 具有最好的累计收益表现，优于 DR−CA−SS$_{pca}$、CA−SS 以及中证 100 指数的累计收益，这就是说在 Sharpe 率以及显著性水平上，本章提出的 DR−CA−RSS$_{pca}$ 都优于 CD−CA−SS$_{pca}$ 以及 CA−SS。

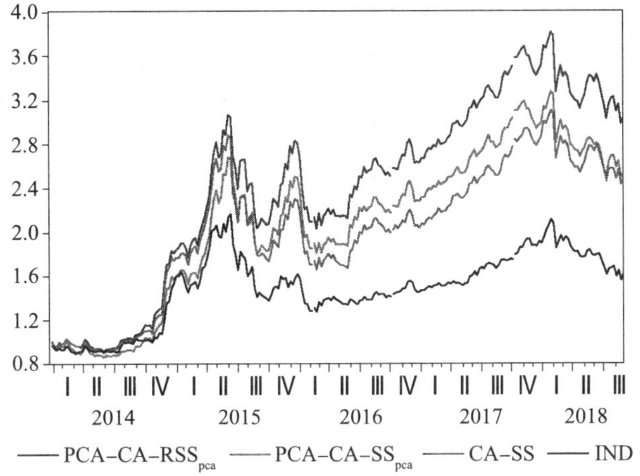

图 6−7　当生成期 *FT* 为 5、选择的约减维数为 30 时，中证 100 指数成份股市场 2014 年 1 月 3 日至 2018 年 8 月 24 日不同策略的累计收益

为了进一步验证本章提出 DR−CA−RSS$_{pca}$ 的有效性，本章同样验证了策略在其他市场的表现，包括上证 180 指数、日经 225 指数、标普 500 指数成份股市场。对日经 225 指数和标普 500 指数而言，因为交易日历的关系，本章验证了 2016 年 2 月 21 日至 2018 年 8 月 26 日的策略表现，而对上证 180，本章依然采用了类似中证 100 指数实验中的 2016 年 2 月 19 日至 2018 年 8 月 24 日的实验区间。

表 6−11 提供了生成期 *FT* 为 4（1 个月）时不同股票选择策略的 Sharpe 表现，可以发现在上证 180 指数、日经 225 指数、标普 500 指数成份股市场中出现了类似中证 100 指数成份股市场中的结果，即 DR−CA−RSS$_{pca}$ 带来了相比于其他策略更多的 Sharpe 率，DR−CA−RSS$_{pca}$ 在上证

180 指数成份股市场的平均 Sharpe 率为 0.151，优于 DR-CA-SS_{pca}、CA-SS、对应的指数。总体来说，通过不同市场的实验可以发现，本章提出的基于维数约减和非维数约减间轮动的股票选择策略 DR-CA-RSS_{pca} 在不同的市场中都表现出了较大的优势。

表 6-11　上证 180 指数、日经 225 指数、标普 500 指数成份股市场下不同股票选择策略的 Sharpe 率

维数	SSE 180		N 225		SP 500	
	DR-CA-RSS_{pca}	DR-CA-SS_{pca}	DR-CA-RSS_{pca}	DR-CA-SS_{pca}	DR-CA-RSS_{pca}	DR-CA-SS_{pca}
10	0.135	0.148	0.141	0.094	0.286	0.268
15	0.153	0.161	0.148	0.115	0.237	0.253
20	0.144	0.161	0.156	0.143	0.226	0.239
25	0.147	0.159	0.157	0.159	0.251	0.265
30	0.148	0.151	0.166	0.172	0.255	0.268
35	0.151	0.136	0.147	0.130	0.252	0.231
40	0.155	0.141	0.148	0.141	0.204	0.273
45	0.176	0.168	0.156	0.137	0.248	0.223
50	0.149	0.132	0.153	0.120	0.224	0.202
55	0.152	0.131	0.154	0.122	0.227	0.216
60	0.154	0.141	0.140	0.126	0.208	0.211
avg	0.151 （0.000）	0.148 （0.001）	0.152 （0.040）	0.133 （0.023）	0.238 （0.002）	0.232 （0.031）
CA-SS	0.131		0.147		0.212	
IND	0.065		0.139		0.233	

注：括号内为相应策略与 CA-SS 间 t 检验的 p 值。

本章小结

维数灾难是市场结构性分歧视角下股票选择策略不可忽视的因素，特别是随着近些年来互联网以及计算机技术的发展，维数灾难越来越值得重视和注意，考虑到维数约减、噪声交易者、市场状态三者的关系，有必要深入研究和分析维数约减对市场结构性分歧视角下股票选择策略的影响。

本章首先介绍了 3 种不同的维数约减方法，包括主成分分析、SAE 以及堆栈式受限玻尔兹曼机；其次分析了 3 种不同的维数约减方法对第五章提出的市场结构性分歧视角下股票选择策略在不同市场行情下的影响；最后基于这种影响提出了一种 DR-CA-RSS_{pca}。本章通过不同市场的实验发现：

（1）尽管堆栈式自编码以及受限玻尔兹曼机可以学习到特征间的非线性关系，但是其学习效率相比主成分分析低，更重要的是这些非参数方法特别容易受到随机种子的影响，这对股票投资来说相当于额外的风险，因此，除了非线性关系外，堆栈式自编码以及堆栈式受限玻尔兹曼机相比主成分分析在股票选择领域并未有明显优势。

（2）对维数约减方法来说，训练集中最优的维数并非验证集中最优的维数，即过去最优的维数并不意味着未来也是最优的。

（3）维数约减对市场结构性分歧视角下股票选择的影响主要体现在趋势性行情下，但具体是上涨行情还是下跌行情依赖所分析的市场，在中证 100 指数成份股市场中其可以显著提高下跌趋势性行情下股票选择策略的表现力，而在日经 225 指数成份股市场中其可以显著提高上涨趋势性行情下股票选择策略的表现力。

（4）本章提出的 DR-CA-RSS_{pca} 在不同的市场中具有更好的 Sharpe

率，表明 DR-CA-RSS_{pca} 具有更好的性能，也间接表明了维数约减的重要性。

本章的研究对实践投资者有一定的参考价值：

（1）为将深度学习等新技术应用于股票选择打开了一扇窗；

（2）提出了一种切实有效的轮动的股票选择策略；

（3）对实践投资者来说，在进行股票选择以及组合构建时，需要同步考虑市场不同行情、特征构造、维数约减等，并非模型越复杂的策略收益越高，大多数策略都有其适用的行情。

第七章

总结与展望

第一节 总结

择时与择股是智能金融中证券投资领域的两大关键问题，随着机器学习、人工智能、深度学习等技术的发展，如何将这些前沿技术应用于择时与择股研究是学术界以及产业界共同关心的重要问题。

第一，本书基于聚类技术构建了股票市场结构性分歧因子，并探究了该因子对股票市场收益的影响。实验结果发现：中证 100 指数的结构性分歧对市场的收益有显著的影响，股票市场的结构性分歧越大，股票市场未来 2 周的收益越会显著增加，而交易量常作为分歧的替代变量，并未显著影响市场的收益。

第二，本书基于分类技术探索了我国股票市场的可预测性，同时分析了市场结构性分歧对市场可预测性的影响，并从技术因子层面解释了市场结构性分歧的影响因素。实验结果发现：中证 100 指数呈现出短期不可预测、长期可预测的特征。此外，本书提出的市场结构性分歧因子能够进一步提高股票市场趋势的预测准确性（平均提高 1 个百分点），准确性达到 59%。最后，本书发现，我国中证 100 指数的结构性分歧主要来源于技术因子层面的交易量与市场资本的净流入。

第三，本书基于聚类分析提出了市场结构性分歧视角下的一种择股策略，同时基于 Fama 三因子等因子模型解释并验证了策略的有效性。实验结果发现，本书提出的选股策略的累计收益显著高于对应的市场指数的。

此外，本书提出策略的收益可以被市场因子、市值因子、账面市值比因子、动量因子进行解释，但因子解释后仍存在显著的 α 收益，进一步证明了策略的有效性。

第四，本书分析了不同市场状态下维数约减对市场结构性分歧视角下股票选择策略的影响，并基于该影响提出了一种新的轮动的股票选择策略。实验发现：维数约减可以显著提高趋势行情下股票选择的表现力，但其具体优势是体现在上涨行情还是下跌行情依赖所分析的市场。此外，本书基于维数约减在不同市场行情下的影响，提出了维数约减和非维数约减之间轮动的选股策略，该轮动选股策略周度收益率的 Sharpe 率显著优于同期的基于聚类的股票选择策略和对应的市场指数。

第二节 展望

本书基于机器学习中的聚类、分类与深度学习技术，深入探讨了智能金融中证券投资领域的择时与择股两大问题，旨在提出新的择时因子和择股策略，尽管得到了一些有价值的因子和策略，但本书的研究仍然存在一定的局限性，本书的研究不足和展望如下。

第一，在度量市场结构性因子过程中，本书采用了经典的 K-Means 聚类算法，因为该聚类算法容易受随机种子与聚类数量的影响，这在一定层面上影响了市场结构性因子的客观度量，未来将检验更多新的聚类算法。此外，距离的度量是聚类算法的核心，未来将深入思考不同距离度量方法对市场结构性因子度量的影响。

第二，在基于分类算法的市场择时研究中，本书使用了部分常用的经典类算法，考虑到近年来深度学习技术的发展，未来将考虑卷积神经网络和循环神经网络等前沿的无监督分类算法。此外，特征选择决定着分类算法的准确性，未来将进一步探讨特征选择对基于机器学习的市场择时的影响。

第三，在基于聚类的股票选择研究中，本书仅使用了技术面因子构建了股票特征，未来将加入更多的因子，包括基本面因子、情绪因子等。此外，如何将股票聚类分析结果与行为金融和金融异象等相结合，提出收益更高的股票选择策略，是未来研究的重点方向。

第四，在不同市场行情下维数约减对股票选择策略的影响研究中，本书仅验证了 3 种维数约减方法，更多的维数约减方法有待进一步检验。此外，深度学习等非参数方法很容易受到随机数的影响，如何设计一种更有效的机制，将其应用于 $DR-CA-RSS_{pca}$，也是未来的重点内容之一。

第五，众所周知，金融模型的简洁性与可解释性对金融投资者来说特别重要，如何将金融计量学与机器学习或深度学习模型相结合是未来值得研究的重要方向。此外，金融市场是千变万化的，随着时间的推移，本书的相关研究结果是否发生变化是另一个值得探讨的问题。

参考文献

［1］ ABARBANELL J S，BUSHEE B J. Fundamental analysis，future earnings，and stock prices［J］. Journal of accounting research，1997，35（1）：1–24.

［2］ AHMADI E，JASEMI M，MONPLAISIR L，et al. New efficient hybrid candlestick technical analysis model for stock market timing on the basis of the support vector machine and heuristic algorithms of imperialist competition and genetic［J］. Expert systems with applications，2018（94）：21–31.

［3］ AMAYA D，CHRISTOFFERSEN P，JACOBS K，et al. Does realized skewness predict the cross-section of equity returns?［J］. Journal of financial economics，2015，118（1）：135–167.

［4］ AMIHUD Y，MENDELSON H. Asset pricing and the bid-ask spread［J］. Journal of financial economics，1986，17（2）：223–249.

［5］ AMIHUD Y. Illiquidity and stock returns：cross-section and time-series effects［J］. Journal of financial markets，2002，5（1）：31–56.

［6］ ATMAZ A，BASAK S. Belief dispersion in the stock market［J］. Journal of finance，2017，73（3）：1225–1279.

［7］ BAJGROWICZ P，SCAILLET O. Technical trading revisited：false discoveries，persistence tests，and transaction costs［J］. Journal of financial economics，2012，106（3）：473–491.

［8］ BAKER M，WURGLER J. Investor sentiment in the stock market［J］. Journal of economic perspectives，2007，21（2）：129–151.

［9］ BAKER S D，HOLLIFIELD B，OSAMBELA E. Disagreement，speculation，and aggregate investment［J］. Journal of financial economics，2016，119（1）：210–225.

［10］ BALAKRISHNAN K，BARTOV E，FAUREL L. Post lossprofit announcement drift［J］. Journal of accounting and economics，2010，50（1）：20–41.

［11］ BALI T G，BROWN S，TANG Y. Disagreement in economic forescasts and equility returns：risk or mispricing?［R］.Georgetown：Georgtown McDonough School of Business，2014.

［12］ BALI T G，CAKICI N. Value at risk and expected stock returns［J］. Financial analysts journal，2004，60（2）：57–73.

［13］ BANZ R W. The relationship between return and market value of common stocks of Financial Economics，1981，9（1）：3–18.

［14］ BARBEE C W，MUKHERJI S，RAINES G A. Do sales–price and debt–equity explain stock returns better than book–market and firm size?［J］. Financial analysts journal，1996，52（2）：56–60.

［15］ BASAK S. Asset pricing with heterogeneous beliefs［J］. Journal of banking & finance，2005，29（11）：2849–2881.

［16］ BASU S. The relationship between earnings' yield，market value and return for NYSE common stocks：further evidence［J］. Journal of financial economics，1983，12（1）：129–156.

［17］ BAUR D G，DICHTL H，DROBETZ W，et al. Investing in gold–market timing or buy–and–hold?［J］. International review of financial analysis，2020（71）：101281.

［18］BELO F，LIN X，BAZDRESCH S. Labor hiring，investment，and stock return predictability in the cross section［J］. Journal of political economy，2014，122（1）：129–177.

［19］BELO F，LIN X，VITORINO M A. Brand capital and firm value［J］. Review of economic dynamics，2014，17（1）：150–169.

［20］BELO F，LIN X. The inventory growth spread［J］. Review of financial studies，2012，25（1）：278–313.

［21］BENGIO Y. Practical recommendations for gradient–based training of deepm architectures［A］// MONTAVON G，ORR G，MÜLLER K R. Neural networks：tricks of the trade. Springer，2012：437–478.

［22］BHANDARI L C. Debt/equity ratio and expected common stock returns：Emprical evidence［J］. Journal of finance，1988，43（2）：507–528.

［23］BILSON C，BRAILSFORD T J，HOOPER V J. Selecting macroeconomic variables as explanatory factors of emerging stock market returns［J］. Pacific basin finance journal，2001，9（4）：401–426.

［24］BISOI R，DASH P K，PARIDA A K. Hybrid variational mode decomposition and evolutionary robust kernel extreme learning machine for stock price and movement prediction on daily basis［J］. Applied soft computing，2019（74）：652–678.

［25］BOWERS J，BOURSIQUOT J M，THIS P，et al. On the importance of measuring payout yield：implications for empirical asset pricing［J］. Journal of finance，2007，62（2）：877–915.

［26］BRENNAN M J，CHORDIA T，SUBRAHMANYAM A. Alternative factor specifications，security characteristics，and the cross–section of expected stock returns［J］. Journal of financial economics，1998，49

(3): 345–373.

[27] BROCK W, LAKONISHOK J, LEBARON B. Simple technical trading rules and the stochastic properties of stock returns [J]. Journal of finance, 1992, 47 (5): 1731–1764.

[28] BROWN D P, ROWE B. The productivity premium in equity returns [R]. [S.L.]: University of Wisconsin, 2007.

[29] CAI X, HU S, LIN X. Feature extraction using restricted Boltzmann machine for stock price prediction [C]. [S.L.]: IEEE international conference on Computer Science and Automation Engineering, 2012: 80–83.

[30] CAMILLERI S J, SCICLUNA N, BAI Y. Do stock markets lead or lag macroeconomic variables? evidence from select european countries [J]. The North American journal of economics and finance, 2019 (48): 170–186.

[31] CARHART M M. On persistence in mutual fund performance [J]. Journal of finance, 1997, 52 (1): 57–82.

[32] CARLIN B I, LONGSTAFF F A, MATOBA K. Disagreement and asset prices [J]. Journal of financial economics, 2014, 114 (2): 226–238.

[33] CEN L, WEI K C J, YANG L. Disagreement, underreaction, and stock returns [J]. Management science, 2017, 63 (4): 1214–1231.

[34] CHEEMA M A, NARTEA G V, MAN Y. Cross-sectional and time-series momentum returns and market states [J]. International review of finance, 2018, 18 (4): 705–715.

[35] CHEN Y, HAO Y. Integrating principle component analysis and weighted support vector machine for stock trading signals prediction [J].

Neurocomputing，2018（321）：381–402.

［36］CHIANG W，ENKE D，WU T，et al. An adaptive stock index trading decision support system［J］. Expert systems with applications，2016（59）：195–207.

［37］CHONG E，HAN C，PARK F C. Deep learning networks for stock market analysis and prediction：methodology，data representations，and case studies［J］. Expert systems with applications，2017（83）：187–205.

［38］CHONG T T L，NG W. Technical analysis and the London stock exchange：testing the MACD and RSI rules using the FT30［J］. Applied economics letters，2008，15（14）：1111–1114.

［39］COOPER M J，GULEN H，SCHILL M J. Asset growth and the cross–section of stock returns［J］. Journal of finance，2008，63（4）：1609–1651.

［40］COOPER M J，MCCONNELL J J，OVTCHINNIKOV A V. The other January effect［J］. Journal of financial economics，2006，82（2）：315–341.

［41］CUMMINS M，GARRY O，KEARNEY C. Price discovery analysis of green equity indices using robust asymmetric vector autoregression［J］. International review of financial analysis，2014（35）：261–267.

［42］DARYL C R M，SHAWN L K J，SABRINA C H Y. Return and risk–return ratio based momentum strategies：a fresh perspective［J］. Journal of finance and investment analysis，2013，2（1）：1–13.

［43］DE BONDT W F M，THALER R H. Does the stock market overreact［J］. Journal of finance，1985，40（3）：793–805.

［44］DECHOW P M，HUTTON A P，MEULBROEK L K，et al. Short

sellers, fundamental analysis, and stock returns [J]. Journal of financial economics, 2001, 61 (1): 77–106.

[45] DENG Y, BAO F, KONG Y, et al. Deep direct reinforcement learning for financial signal representation and trading [J]. IEEE transactions on neural networks, 2017, 28 (3): 653–664.

[46] DIETHER K B, MALLOY C J, SCHERBINA A. Differences of opinion and the cross section of stock returns [J]. Journal of finance, 2002, 57 (5): 2113–2141.

[47] DUDLER M, GMUER B, MALAMUD S. Risk adjusted time series momentum [R]. [S.L.] :Swiss finance institute, 2014.

[48] FAMA E F, FRENCH K R. Disagreement, tastes, and asset prices [J]. Journal of financial economics, 2007, 83 (3): 667–689.

[49] FAMA E F, FRENCH K R. The cross section of expected stock returns [J]. Journal of finance, 1992, 47 (2): 427–465.

[50] FERNANDEZRODRIGUEZ F, GONZALEZMARTEL C, SOSVILLARIVERO S. On the profitability of technical trading rules based on artificial neural networks [J]. Economics letters, 2000, 69 (1): 89–94.

[51] FLANNERY M J, PROTOPAPADAKIS A. Macroeconomic factors do influence aggregate stock returns [J]. Review of financial studies, 2002, 15 (3): 751–782.

[52] FRANCIS J, LAFOND R, OLSSON P, et al. Costs of equity and earnings attributes [J]. The accounting review, 2004, 79 (4): 967–1010.

[53] FREY B J, DELBERT D. Clustering by passing messages between data points [J]. Science, 2007, 315 (5814): 972–976.

［54］ FULGA C，DEDU S，SERBAN F. Portfolio optimization with prior stock selection［J］. Economic computation and economic cybernetics studies and research，2009，4（4）：157–171.

［55］ GANDHMAL D P，KUMA K. Systematic analysis and review of stock market prediction techniques［J］. Computer science review，2019（34）：100–190.

［56］ GLABADANIDIS P. Market timing with moving averages［J］. International review of finance，2015，15（3）：387–425.

［57］ GRAHAM J R，HARVEY C R. The theory and practice of corporate finance：evidence from the field［J］. Journal of financial economics，2001，60（23）：187–243.

［58］ HAN Y，HUANG D，HUANG D，et al. Volume and return：fuel of mispricing［R］.［S.l.］：University of North Carolina，2019.

［59］ HANNA A J. A top–down approach to identifying bull and bear market states［J］. International review of financial analysis，2018（55）：93–110.

［60］ HARVEY C R，SIDDIQUE A R. Conditional skewness in asset pricing tests［J］. Journal of finance，2000，55（3）：1263–1295.

［61］ HAUGEN R A，BAKER N L. Commonality in the determinants of expected stock returns［J］. Journal of financial economics，1996，41（3）：401–439.

［62］ HEATON J B，POLSON N G，WITTE J H. Deep learning for finance：deep portfolios［J］. Applied stochastic models in business and industry，2016，33（1）：3–12.

［63］ HENRIQUE B M，SOBREIRO V A，KIMURA H. Literature review：machine learning techniques applied to financial market prediction［J］.

Expert systems with applications，2019（124）：226–251.

[64] HINTON G E，OSINDERO S，TEH Y W. A fast learning algorithm for deep belief nets [J]. Neural computation，2006，18（7）：1527–1554.

[65] HINTON G E，SALAKHUTDINOV R R. Reducing the dimensionality of data with neural networks [J]. Science，2006，313（5786）：504–507.

[66] HINTON G E. A practial guide to training restricted Boltzmann machines [C] //MONTAVON G，ORR G，MÜLLER K R. Neural networks：Tricks of the trade. 2. Heidelberg:Springer，2012：566–619.

[67] HONG H，STEIN J C. Differences of opinion，short–sales constraints，and market crashes [J]. Review of financial studies，2003，16（2）：487–525.

[68] HONG H，STEIN J C. Disagreement and the stock market [J]. Journal of economic perspectives，2007，21（2）：109–128.

[69] HOSEINZADE E，HARATIZADEH S. CNNpred：CNN–based stock market prediction using a diverse set of variables [J]. Expert systems with applications，2019（129）：273–285.

[70] HOU K，XUE C，ZHANG L. Replicating anomalies [R]. [S.l.]：The Ohio State University，2017.

[71] HU G，HU Y，YANG K，et al. Deep stock representation learning：from candlestick charts to investment decisions [A] // International Conference on Acoustics，Speech，and Signal Processing 2018.

[72] HUANG A G. The cross section of cashflow volatility and expected stock returns [J]. Journal of empirical finance，2009，16（3）：409–429.

[73] HUDSON R，DEMPSEY M，KEASEY K. A note on the weak form

efficiency of capital markets: the application of simple technical trading rules to UK stock prices from 1935 to 1994 [J]. Journal of banking & finance, 1996, 20 (6): 1121–1132.

[74] JEGADEESH N, TITMAN S. Returns to buying winners and selling losers: implications for stock market efficiency [J]. Journal of finance, 1993, 48 (1): 65–91.

[75] JIANG G J, YAO T, YU T. Do mutual funds time the market? evidence from portfolio holdings [J]. Journal of financial economics, 2007, 86 (3): 724–758.

[76] JIANG G, LEE C M C, ZHANG G Y. Information uncertainty and expected returns [J]. Review of accounting studies, 2005 (10): 185–221.

[77] JOLLIFFE I T, CADIMA J. Principal component analysis: a review and recent developments [J]. Phil. Trans. R. Soc. A, 2016, 374 (2065): 20150202.

[78] KARA Y, BOYACIOGLU M A, BAYKAN O K. Predicting direction of stock price index movement using artificial neural networks and support vector machines [J]. Expert systems with applications, 2011, 38 (5): 5311–5319.

[79] KELLY B T, JIANG H. Tail risk and asset prices [J]. Review of financial studies, 2014, 27 (10): 2841–2871.

[80] KHANSA L, LIGINLAL D. Predicting stock market returns from malicious attacks: a comparative analysis of vector autoregression and time–delayed neural networks [J]. Decision support systems, 2011, 51 (4): 745–759.

[81] KIM J S, RYU D, SEO S W. Investor sentiment and return predictability

of disagreement [J] . Journal of banking & finance，2014，42（1）：166–178.

[82] KIRKPATRICK C D，DAHLQUIST J R. The basic principle of technical analysis–the trend [C] // Technical analysis the complete resource for financial market technicians. 2. [S.l.]：Financial Times Press，2010.

[83] KWON K，KISH R J. Technical trading strategies and return predictability：NYSE [J] . Applied financial economics，2002，12（9）：639–653.

[84] LAKONISHOK J，SHLEIFER A，VISHNY R W. Contrarian investment，extrapolation，and risk [J] . Journal of finance，1994，49（5）：1541–1578.

[85] LECUN Y，BENGIO Y，HINTON G. Deep learning [J] . Nature，2015，521（7553）：436–444.

[86] LEE T K，CHO J H，KWON D S，et al. Global stock market investment strategies based on financial network indicators using machine learning techniques [J] . Expert systems with applications，2019（117）：228–242.

[87] LEV B，THIAGARAJAN. Fundamental information analysis [J] . Journal of accounting research，1993，31（2）：190–215.

[88] LI Y，WANG S，TIAN Q，et al. Feature representation for statistical–learning–based object detection：a review [J] . Pattern recognition，2015，48（11）：3542–3559.

[89] LITZENBERGER R H，RAMASWAMY K. The effect of personal taxes and dividends on capital asset prices：theory and empirical evidence [J]. Journal of financial economics，1979，7（2）：163–195.

[90] LO A W，MAMAYSKY H，WANG J. Foundations of technical analysis：computational algorithms，statistical inference，and empirical implementation [J]. Journal of finance，2000，55 (4)：1705–1770.

[91] LONG W，LU Z，CUI L. Deep learning–based feature engineering for stock price movement prediction [J]. Knowledge based systems，2019 (164)：163–173.

[92] LOUGHRAN T，RITTER J R. The new issues puzzle [J]. Journal of finance，1995，50 (1)：23–51.

[93] MILLER M H，SCHOLES M S. Dividends and taxes：some empirical evidence [J]. Journal of political economy，1982，90 (6)：1118–1141.

[94] MOSKOWITZ T J，GRINBLATT M. Do industries explain momentum? [J]. Journal of finance，1999，54 (4)：1249–1290.

[95] NAIR B B，KUMAR P K S，SAKTHIVEL N R，et al. Clustering stock price time series data to generate stock trading recommendations：an empirical study [J]. Expert systems with applications，2017 (70)：20–36.

[96] NAZARIO R T F，SILVA J L E，SOBREIRO V A，et al. A literature review of technical analysis on stock markets [J]. The quarterly review of economics and finance，2017 (66)：115–126.

[97] NEELY C J，RAPACH D E，TU J，et al. Forecasting the equity risk premium：the role of technical indicators [J]. Management science，2014，60 (7)：1772–1791.

[98] NGUYEN T H，SHIRAI K，VELCIN J. Sentiment analysis on social media for stock movement prediction [J]. Expert systems with applications，2015，42 (24)：9603–9611.

[99] NI Y，LIAO Y，HUANG P. MA trading rules，herding behaviors，and stock market overreaction [J]. International review of economics & finance，2015（39）：253–265.

[100] NOVYMARX R. Operating leverage [J]. Review of finance，2011，15（1）：103–134.

[101] OU J A，PENMAN S H. Financial statement analysis and the prediction of stock returns [J]. Journal of accounting and economics，1989，11（4）：295–329.

[102] OZTEKIN A，KIZILASLAN R，FREUND S，et al. A data analytic approach to forecasting daily stock returns in an emerging market [J]. European journal of operational research，2016，253（3）：697–710.

[103] PALAZZO B. Cash holdings，risk，and expected returns [J]. Journal of financial economics，2012，104（1）：162–185.

[104] PARK C. Stock return predictability and the dispersion in earnings forecasts [J]. Journal of business，2005，78（6）：2351–2376.

[105] PATEL J，SHAH S，THAKKAR P，et al. Predicting stock and stock price index movement using trend deterministic data preparation and machine learning techniques [J]. Expert systems with applications，2015，42（1）：259–268.

[106] PENMAN S H，RICHARDSON S A，TUNA A I. The book-to-price effect in stock returns：accounting for leverage [J]. Journal of accounting research，2007，45（2）：427–467.

[107] PLYAKHA Y，UPPAL R，VILKOV G. Equal or value weighting? implications for asset-pricing tests [R]. EDHEC Business School，2014.

[108] RACHEV S T，JASIC T，STOYANOV S V，et al. Momentum strategies

based on reward–risk stock selection criteria [J] . Journal of banking and finance, 2007, 31 (8): 2325–2346.

[109] RACHEV S, JASIC T, BIGLOVA A, et al. Risk and return in momentum strategies: profitability from portfolios based on risk–adjusted stock ranking criteria [R/OL] . University of Karlsruhe, 2005 [2023–10–10] . http: //statistik.econ.kit.edu/download/doc_secure1/tr_risk_and_return.pdf.

[110] RASEKHSCHAFFE K C, JONES R C. Machine learning for stock selection [J] . Financial analysts journal, 2019, 75 (3): 70–88.

[111] RICHARDSON S A, SLOAN R G, SOLIMAN M T, et al. Accrual reliability, earnings persistence and stock prices [J] . Journal of accounting and economics, 2005, 39 (3): 437–485.

[112] ROSENBERG B, REID K, LANSTEIN R. Persuasive evidence of market inefficiency [J] . The journal of portfolio management, 1985, 11 (3): 9–16.

[113] ROSILLO R, LA FUENTE D D, BRUGOS J A L. Technical analysis and the spanish stock exchange: testing the RSI, MACD, momentum and stochastic rules using Spanish market companies [J] . Applied economics, 2013, 45 (12): 1541–1550.

[114] ROWEIS S T, SAUL L K. Nonlinear dimensionality reduction by locally linear embedding [J] . Science, 2000, 290 (5500): 2323–2326.

[115] SADKAR, SCHERBINA A. Analyst disagreement, mispricing, and liquidity [J]. Journal of finance, 2007, 62 (5): 2367–2403.

[116] SAMMONJW. A nonlinear mapping for data structure analysis [J] . IEEE transactions on computers, 1969, 100 (5): 401–409.

[117] SHERIDANT, WEI K C J, XIE F. Capital investments and stock returns [J]. Journal of financial & quantitative analysis, 2004, 39 (4): 677–700.

[118] SIGANOSA, VAGENAS NANOS E, VERWIJMEREN P. Divergence of sentiment and stock market trading [J]. Journal of banking & finance, 2017 (78): 130–141.

[119] SOLIMAN M T. The use of Dupont analysis by market participants [J]. The accounting review, 2008, 83 (3): 823–853.

[120] SULLIVAN R, TIMMERMANN A, WHITE H. Data–snooping, technical trading rule performance, and the bootstrap [J]. Journal of finance, 1999, 54 (5): 1647–1691.

[121] TCHAMYOU V S, ASONGU S A. Conditional market timing in the mutual fund industry [J]. Research in international business and finance, 2017 (42): 1355–1366.

[122] TOLA V, LILLO F, GALLEGATI M, et al. Cluster analysis for portfolio optimization [J]. Journal of economic dynamics and control, 2008, 32 (1): 235–258.

[123] TOPARLI E A, CATIK A N, BALCILAR M. The impact of oil prices on the stock returns in Turkey: a TVP–VAR approach [J]. Physica a: statistical mechanics and its applications, 2019 (535): 122392.

[124] ULKU N, PRODAN E. Drivers of technical trend–following rules' profitability in world stock markets [J]. International review of Financial Analysis, 2013 (30): 214–229.

[125] VERMA R, VERMA P. Noise trading and stock market volatility [J]. Journal of multinational financial management, 2007, 17 (3): 231–243.

[126] VLASTAKIS N, MARKELLOS R N. Information demand and stock market volatility [J]. Social science electronic publishing, 2012, 36 (6): 1808–1821.

[127] VOZLYUBLENNAIA N. Investor attention, index performance, and return predictability [J]. Journal of banking & finance, 2014, 41 (1): 17–35.

[128] WADHWA K, SYAMALA S R. Role of market timing and market conditions: evidence from seasoned equity offerings [J]. The North American journal of economics and finance, 2019 (48): 555–566.

[129] WONG W, MANZUR M, CHEW B. How rewarding is technical analysis? evidence from singapore stock market [J]. Applied financial economics, 2003, 13 (7): 543–551.

[130] XING Y. Interpreting the value effect through the Q–theory: an empirical investigation [J]. Review of financial studies, 2008, 21 (4): 1767–1795.

[131] YAN X, ZHENG L. Fundamental analysis and the cross–section of stock returns: a data–mining approach [J]. Review of financial studies, 2017, 30 (4): 1382–1423.

[132] YANG F, CHEN Z, LI J, et al. A novel hybrid stock selection method with stock prediction [J]. Applied soft computing, 2019 (80): 820–831.

[133] YU J. Disagreement and return predictability of stock portfolios [J]. Journal of financial economics, 2011, 99 (1): 162–183.

[134] ZAKAMULIN V. Revisiting the profitability of market timing with moving averages [J]. International review of finance, 2016, 18 (2): 317–327.

[135] ZAREMBA A，CZAPKIEWICZ A. Digesting anomalies in emerging European markets：a comparison of factor pricing models [J] . Emerging markets review，2017（31）：1–15.

[136] ZHAO Y，LEE C，YU M. Does equity market timing have a persistent impact on capital structure? evidence from China [J] . The british accounting review，2019：100838.

[137] ZHONG X，ENKE D. Forecasting daily stock market return using dimensionality reduction [J] . Expert systems with applications，2017（67）：126–139.

[138] ZHOU F，ZHANG Q，SORNETTE D，et al. Cascading logistic regression onto gradient boosted decision trees for forecasting and trading stock indices [J] . Applied soft computing，2019（84）：105747.

[139] GEBKA B ，HUDSON R S ，ATANASOVA C V .The benefits of combining seasonal anomalies and technical trading rules [J] . Finance research letters，2015（14）：36–44.

[140] PENMAN S H，RICHARDSON S A，TUNA A I. The book–to–price effect in stock returns：accounting for leverage [J] . Journal of accounting research，2007，45（2）：427–467.

[141] CARLIN B I，LONGSTAFF F A，MATOBA K. Disagreement and asset prices [J] . Journal of financial economics，2014，114（2）：226–238.

[142] DARY C R M，SHAWN L K J，SABRINA C H Y. Return and risk–return ratio based momentum strategies：a fresh perspective [J] . Journal of finance and investment analysis，2013，2（1）：1–13.

[143] HEATON J B，POLSON N G，WITTE J H. Deep learning for finance：

deep portfolios [J]. Applied stochastic models in business and indusry, 2017, 33 (1): 3–12.

[144] CHONG E, HAN C, PARK F C. Deep learning networks for stock market analysis and prediction: methodology, data representations, and case studies [J]. Expert systems with applications, 2017 (83): 187–205.

[145] 才静涵，刘红忠. 市场择时理论与中国市场的资本结构 [J]. 经济科学，2006，28（4）：59–69.

[146] 丁慧，吕长江，陈运佳. 投资者信息能力：意见分歧与股价崩盘风险：来自社交媒体“上证 e 互动”的证据 [J]. 管理世界，2018，34（9）：167–177.

[147] 郭杰，张英博. 企业择时还是政府择时：中国特定制度背景下 IPO 市场时机选择对资本结构的影响 [J]. 金融研究，2012（7）：137–153.

[148] 孔傲，朱洪亮，郭文旌. 一个基于技术指标规则的启发式量化择时系统 [J]. 系统工程，2019，37（1）：115–126.

[149] 李斌，林彦，唐闻轩. ML-TEA：一套基于机器学习和技术分析的量化投资算法 [J]. 系统工程理论与实践，2017，37（5）：1089–1100.

[150] 李斌，邵新月，李玥阳. 机器学习驱动的基本面量化投资研究 [J]. 中国工业经济，2019，377（8）：61–79.

[151] 李冬昕，李心丹，俞红海，等. 询价机构报价中的意见分歧与 IPO 定价机制研究 [J]. 经济研究，2014（7）：151–164.

[152] 李建标，孙宾宾，王鹏程. 财富约束、市场时机与融资行为的实验研究：优序融资和市场择时理论的行为元素提炼 [J]. 金融研究，2016（5）：124–137.

[153] 李科，陆蓉，夏翊．基金家族共同持股：意见分歧与股票收益[J]．经济研究，2015（10）：64–75.

[154] 史永东，李凤羽．卖空限制、意见分歧收敛与信息披露的股价效应：来自A股市场的经验证据[J]．金融研究，2012（8）：111–124.

[155] 汪宜霞，张辉．卖空限制、意见分歧与IPO溢价[J]．管理学报，2009，6（9）：1204–1208.

[156] 王晋斌，刘元春．投资选择权约束、意见分歧与中国股市风险[J]．经济研究，2002（8）：37–43.

[157] 俞红海，李心丹，耿子扬．投资者情绪、意见分歧与中国股市IPO之谜[J]．管理科学学报，2015（3）：78–89.

[158] 朱宏泉，余江，陈林．异质信念、卖空限制与股票收益：基于中国证券市场的分析[J]．管理科学学报，2016，19（7）：115–126.

[159] 丁肖丽．投资者情绪、意见分歧与股票错误定价：基于中国A股市场经验数据[J]．系统工程，2018，36（3）：24–32.

重要术语索引